Klaus Schönberg

Endlich ankommen

Was die ungewöhnlichste Pilgerreise der Bibel
mit Ihrem Leben zu tun hat

Über den Autor

Klaus Schönberg, Jahrgang 1957, ist Pastor der nach dem *Willow Creek*-Modell arbeitenden Petrusgemeinde (EFG) in Kelsterbach bei Frankfurt am Main. Er hat bereits den Pilgerführer „Hungrig ist meine Seele" verfasst, fertigt Skulpturen aus Eichenholz und schreibt u. a. für die Zeitschrift *AufAtmen*. Er lebt mit seiner Familie in der Nähe von Frankfurt am Main.

Klaus Schönberg

Endlich ankommen

Was die ungewöhnlichste Pilgerreise der Bibel mit Ihrem Leben zu tun hat

GerthMedien

FSC
Mix
Produktgruppe aus vorbildlich bewirtschafteten Wäldern und anderen kontrollierten Herkünften
Zert.-Nr. SGS-COC-1940
www.fsc.org
© 1996 Forest Stewardship Council

Verlagsgruppe Random House FSC-DEU-0100
Das für dieses Buch verwendete FSC-zertifizierte Papier *München Super* liefert Mochenwangen.

Die Bibelzitate wurden, sofern nicht anders angegeben, den folgenden Bibelübersetzungen entnommen:

- Lutherbibel, revidierter Text 1984, durchgesehene Ausgabe in neuer Rechtschreibung, © 1999 Deutsche Bibelgesellschaft, Stuttgart (LÜ 84)
- Hoffnung für alle – Die Bibel, durchgesehene Ausgabe in neuer Rechtschreibung, © 1986, 1996, 2002 by International Bible Society, USA. Übersetzt und herausgegeben: Brunnen Verlag Basel, Schweiz (Hfa)

1. Auflage 2007
Bestell-Nr. 816 191
ISBN 978-3-86591-191-9
Überarbeitung: Karoline Kuhn
Umschlaggestaltung: Olaf Johannson, spoon design
Umschlagfoto: Corbis
Lektorat und Satz: Nicole Schol
Druck und Verarbeitung: GGP Media GmbH, Pößneck
Printed in Germany

Inhalt

Für Matthias
für einen Menschenfreund und Liebhaber Gottes

Einleitung

Pilgern ist *in*. Der berühmte Autor Paulo Coelho war ein Vorreiter, der die klassische Pilgerreise nach Santiago de Compostela gemacht und ein Buch darüber geschrieben hat.[1]

Und gerade in jüngster Zeit kommen immer mehr bekannte und weniger bekannte Menschen auf die Idee, sich auf eine Pilgerreise zu begeben – ob nun ganz traditionell nach Santiago de Compostela oder anderswohin.

Der aktuellste Pilger ist der Komiker Hape Kerkerling, der seine Erlebnisse und Erkenntnisse auf dem Pilgerpfad in seinem Buch „Ich bin dann mal weg" festgehalten hat. Das Buch schaffte es auf Anhieb in die Bestsellerlisten – ein Hinweis darauf, wie groß das Interesse an einer solchen Pilger-Erfahrung ist.

Warum fasziniert diese altmodische Tradition uns plötzlich wieder so sehr?

Im Mittelalter begaben sich viele fromme (und weitaus mehr nicht so fromme) Menschen auf eine der drei großen Pilgerreisen, die demjenigen, der bis zum Ende durchhielt, besondere Segnungen und Vergebung aller vergangenen (und zukünftigen) Sünden versprachen. Der erste Weg führte zum Grab des heiligen Petrus nach Rom. Das Symbol dieser Pilger war das Kreuz. Der zweite Weg führte in die heilige Stadt Jerusalem. Das Symbol dieser Personen war der Palmzweig, denn Jesus Christus wurde in Jerusalem ja mit Palmzweigen begrüßt. Der dritte Weg führte ins spanische Santiago de Compostela zum Grab des Apostels Jakobus. Das Symbol dieser Pilger war eine Muschel.

In diesem Zusammenhang ist es interessant, dass das Wort „Sinn" auf die Wortwurzel *sinnan* (reisen, unterwegs sein) zurückgeht. Mit anderen Worten: Die Frage nach dem Sinn ist die Frage nach dem Ziel der Reise.

Es gibt ein Sprichwort unbekannter Herkunft, das von Sinnsuchenden oft zitiert wird: „Der Weg ist das Ziel." Es suggeriert, dass es wichtiger sei, unterwegs zu sein, als anzukommen. Das trifft aber nur zum Teil zu. Richtig ist, dass der pilgernde Mensch sich schon allein deshalb verändert, weil er unterwegs sich selbst und vielleicht auch Gott begegnet. Irreführend ist das Sprichwort aber insofern, weil das Ziel des Pilgers nicht das Unterwegssein an sich ist. Der Pilger will ja früher oder später in Rom, Jerusalem oder Santiago, also an einem tatsächlich existierenden Ort, ankommen.

Von einer der berühmtesten Pilgerreisen wird in einer Geschichte berichtet, die Jesus erzählt hat, und zwar im Gleichnis vom verlorenen Sohn, das wir im Lukas-Evangelium nachlesen können.

In dem wohl bekanntesten Gleichnis der Bibel erzählt Jesus von zwei ungleichen Brüdern und ihrem Vater – und indirekt auch von vier Häusern: dem Haus der Vaters, dem Haus der Fremde, dem Haus der Schweine und dem Haus der Knechte.

„‚Ein Mann hatte zwei Söhne', erzählte Jesus. ‚Eines Tages sagte der Jüngere zu ihm: »Vater, ich will jetzt schon meinen Anteil am Erbe ausbezahlt haben.« Da teilte der Vater sein Vermögen unter ihnen auf.
Nur wenige Tage später packte der jüngere Sohn alles zusammen, verließ seinen Vater und reiste ins Ausland. Endlich konnte er sein Leben in vollen Zügen genießen. Er leistete sich, was er wollte, bis er schließlich keinen Pfennig mehr besaß. Zu allem Unglück brach in dieser Zeit eine große Hungersnot aus. Es ging ihm sehr schlecht.
In seiner Verzweiflung bettelte er so lange bei einem Bauern, bis der ihn zum Schweinehüten auf die Felder schickte. Oft quälte ihn der Hunger so, dass er froh gewesen wäre, etwas vom Schweinefutter zu bekommen. Aber selbst davon erhielt er nichts.
Da kam er zur Besinnung: »Bei meinem Vater hat jeder Arbeiter mehr als genug zu essen, und ich sterbe hier vor Hunger.

Ich will zu meinem Vater gehen und ihm sagen: Vater, ich bin schuldig geworden an Gott und an dir. Sieh mich nicht länger als deinen Sohn an, ich bin es nicht mehr wert. Aber kann ich nicht als Arbeiter bei dir bleiben?«

Er stand auf und ging zurück zu seinem Vater. Der erkannte ihn schon von weitem. Voller Mitleid lief er ihm entgegen, fiel ihm um den Hals und küsste ihn.

Doch der Sohn bekannte: »Vater, ich bin schuldig geworden an Gott und an dir. Sieh mich nicht länger als deinen Sohn an, ich bin es nicht mehr wert.«

Sein Vater aber befahl den Knechten: »Beeilt euch! Holt den schönsten Anzug, den wir im Hause haben, und gebt ihn meinem Sohn. Bringt auch einen kostbaren Ring und Schuhe für ihn! Schlachtet das Kalb, das wir gemästet haben! Wir wollen feiern! Mein Sohn war tot, jetzt lebt er wieder. Er war verloren, jetzt hat er zurückgefunden.« Und sie begannen ein fröhliches Fest.

Inzwischen kam der ältere Sohn nach Hause. Er hatte auf dem Feld gearbeitet und hörte schon von weitem die Tanzmusik.

Erstaunt fragte er einen Knecht: »Was wird denn hier gefeiert?«

»Dein Bruder ist wieder da«, antwortete er ihm. »Dein Vater hat sich darüber so gefreut, dass er das Mastkalb schlachten ließ. Jetzt feiern sie ein großes Fest.«

Der ältere Bruder wurde wütend und wollte nicht ins Haus gehen. Da kam sein Vater zu ihm und bat: »Komm und freu dich mit uns!«

Doch er entgegnete ihm bitter: »Wie ein Arbeiter habe ich mich all diese Jahre für dich geschunden. Alles habe ich getan, was du von mir verlangt hast. Aber nie hast du mir auch nur eine junge Ziege gegeben, damit ich mit meinen Freunden einmal hätte richtig feiern können. Und jetzt, wo dein Sohn zurückkommt, der dein Geld mit Huren durchgebracht und alles verprasst hat, jetzt gibt es gleich ein Fest, und du lässt sogar das Mastkalb schlachten!«

Sein Vater redete ihm zu: »Mein Sohn, du bist immer bei mir gewesen. Was ich habe, gehört auch dir. Darum komm, wir haben allen Grund zu feiern. Denn dein Bruder war für uns tot, jetzt hat für ihn ein neues Leben begonnen. Er war verloren, jetzt hat er zurückgefunden!«'" (Lukas 15,11–32; Hfa).

Dieses Gleichnis wird seit 2.000 Jahren gelesen und gehört. Nicht nur Kirchenväter wie Augustinus oder Luther, sondern auch schwergewichtige Literaten wie Friedrich Schiller, Franz Kafka, André Gide und Rainer Maria Rilke haben sich ebenso davon inspirieren lassen wie die romantische Schriftstellerin Johanna Spyri, die durch das Heimatepos „Heidi" berühmt wurde. Rembrandt krönte als gebrochener Mann sein Lebenswerk mit einem Bild von der Rückkehr des verlorenen Sohnes. Auch das Gleichnis selbst ist wie ein vollendetes Kunstwerk. Es ist schön, es ist vollkommen, es spricht für sich und weist den Weg zu Gott.

Jesus erzählt mit diesem Gleichnis seiner Generation von der Liebe des Vaters. Ich möchte mit diesem Buch *meiner* Generation einen Weg zeigen, wie sie Gott begegnen kann. In dieses Buch sind die Erfahrungen aus 20 Jahren Tätigkeit als Pastor eingeflossen – das bedeutet unzählige Begegnungen mit Menschen, die geliebt werden wollen und an ihrer eigenen Begrenztheit und Unfähigkeit zu lieben leiden, die auf der Suche nach einem sinnerfüllten Leben sind, ohne es finden zu können. Dieses Buch konnte aber nur deshalb geschrieben werden, weil ich Wegbegleiter auf meiner eigenen geistlichen Reise hatte und Reiseführer für viele Menschen sein durfte, die inzwischen im Haus des Vaters angekommen sind.

Ihr Leben hat aus der Sicht Gottes ein Ziel. Er wartet darauf, Sie zu Hause zu begrüßen, damit Sie all seine Liebe erfahren können. Er freut sich schon unbändig darauf, das Fest Ihrer Rückkehr zu feiern. Er will Sie neu einkleiden und zu Ihnen sagen, dass Sie seine geliebte Tochter, sein geliebter Sohn sind. Und nebenbei: Er hat für Sie schon eine Wohnung in seinem Haus reserviert …

Das Leben ist eine Reise durch ganz verschiedene Lebenssituationen und Stationen – so war es im Leben des verlorenen Sohnes und so ist es bis heute bei jedem Einzelnen von uns: Wir bewohnen auf unserem Weg hindurch ganz verschiedene „Häuser“.

Hier einige Beispiele aus dem „wahren Leben“:

Georg

In seinem ersten Leben war Georg der männliche Teil einer Kleinfamilie, die in einer Mietwohnung lebte. Als Sachbearbeiter in einer großen Firma ging er einer unspektakulären Tätigkeit nach und machte jeden Tag seine Arbeit. Am üblichen Smalltalk beteiligte er sich selten, und weil er nicht an verbalem Durchfall litt, war er ein eher unauffälliger Mitarbeiter des Unternehmens.

Seine Kindheit wurde durch die Suchterkrankung der Mutter beeinflusst und seine Kommunikationsfähigkeit war ausgesprochen unterentwickelt.

Doch in seinem zweiten Leben war er Musiker. Seine Stimme pulsierte geradezu vor Leben und er klang wie eine Mischung aus Bono Vox und Bruce Springsteen. Man konnte auch ihm die musikalische Leidenschaft abspüren, die man von Bands wie „U2“ und Springsteens legendärer „E-Street-Band“ kennt. Er hatte sich das Gitarrespielen selbst beigebracht, die Lieder aus den amerikanischen Charts nachgespielt und schließlich eine Band gegründet, mit der er durch kleine Clubs tingelte.

Wenn er Musik machte, lebte er. Er katapultierte seine Melodien mitten ins Herz der Zuhörer. Wenn er sang, fühlte man die Sehnsucht nach dem Paradies in sich selbst wachsen und spürte Georgs innere Unruhe, weil er das Ziel seines Lebens noch nicht gefunden hatte.

Thomas

Mit 16 Jahren packte Thomas seine Sachen und verließ die überfromme Mutter und den gewalttätigen Vater. Er zog durch Europas Hauptstädte und lernte rasch, dass es Männer gab, die ihn anziehend fanden und gut dafür bezahlten, Sex mit ihm zu haben. Aushilfsjobs, wechselnde Beziehungen und immer neue Wohnorte prägten sein Nomadendasein, während er ziellos durchs Leben trieb.

Seine halbherzigen Versuche, wieder Fuß zu fassen, ein geregeltes Leben zu führen und einen Freundeskreis zu etablieren, wurden durch eine wachsende Suchtproblematik torpediert. Seine Drogenkarriere begann klassisch mit „weichen Sachen" und führte dann zum „harten Stoff". Er wurde ein heroinabhängiger Junkie. Um seine Sucht zu finanzieren, verkaufte er seinen Körper. Er infizierte sich mit dem HI-Virus, wurde kriminell und landete schließlich im Gefängnis.

Michaela

Michaela hatte ein Darlehen aufgenommen und sich selbstständig gemacht. Tag und Nacht arbeitete sie in der eigenen Firma, ohne jedoch jemals schwarze Zahlen zu schreiben. Irgendwann musste sie Insolvenz anmelden. Dann fand sie einen festen Job und begann, ihre Schulden abzutragen.

Sie machte ihre Arbeit fehlerfrei, war bei den Kollegen beliebt, hatte bei Nachbarn und Freunden einen guten Ruf. Darüber hinaus war sie hilfsbereit und unkompliziert und engagierte sich in örtlichen Vereinen. Morgens ging sie immer zur Arbeit; abends kramte sie heimlich ihre Wodkaflasche aus einem Versteck. Niemand ahnte, dass Michaela seit 20 Jahren Alkoholikerin war. Wodka riecht man im Atem nicht.

Die Familie litt unter dem Geheimnis der Mutter und war doch gleichzeitig Helfershelfer ihrer Selbstzerstörung. Ihre Ehe geriet zunehmend in eine Krise, denn Rückzug und Vereinsamung bestimmten immer mehr den Tenor der Partnerschaft. Die immer neuen Versprechen von Michaela, mit dem Alkohol aufzuhören, waren im Grunde nur „Versprecher" einer Abhängigen mit mal mehr, mal weniger gutem Willen. Sie kämpfte gegen einen Feind, der sie immer wieder unter seine Herrschaft brachte und sie zwang, das zu tun, was sie nicht tun wollte.

Matthias

Matthias war Pfarrer in der evangelischen Landeskirche. Für ihn war sein Beruf nicht nur ein Amt, sondern eine echte Berufung. Die Arbeit in seiner Kirchengemeinde war sein Leben. Er besaß den Glauben eines Kindes, ohne kindisch zu sein. Immer wollte er wissen, was ihn hinter der nächsten Biegung erwartete. Ich beneidete ihn oft um das Staunen, das er nie verlernte, um die Lebenslust, die er empfand, und um die Spontaneität, die für ihn so kennzeichnend war.

Matthias war unkonventionell und kreativ, leidenschaftlich und emotional und anderen Menschen zugewandt. Er identifizierte sich mit dem Leid und der Freude anderer Menschen und mit dem, was sie gerade beschäftigte. Er lachte mit den Fröhlichen und weinte mit den Traurigen. Er war völlig offen, sagte immer, was er dachte, vertraute rückhaltlos. Er hatte eine wunderbare Familie, vier tolle Kinder und eine funktionierende Partnerschaft, viele gute Freunde und einen Gott, dem er mit Haut und Haaren vertraute. Um es mit den Worten der Bibel zu sagen: Er war „ohne Falsch wie die Tauben", aber nicht immer „klug wie die Schlangen", weil ihm durch seine Offenheit manchmal der Selbstschutz fehlte.

Diese vier Momentaufnahmen stehen für unterschiedliche Stationen, die die betroffenen Menschen im Rahmen ihres Lebens durchlaufen. Diesen Stationen in Form von „Häusern" habe ich vier Namen und damit Orte zugeordnet, die in der Geschichte vom verlorenen Sohn beschrieben werden.

Georgs (musikalische) Lebensgeschichte steht für die Suche nach dem verlorenen Paradies. Er ahnt, dass sein normales Alltagsleben nicht das eigentliche, sondern ein fremdes Leben ist. Georg lebt zurzeit im „Haus der Fremde".

Thomas' Geschichte ist das Abbild eines gescheiterten Lebensentwurfs. Fortschreitende Entwürdigung und Selbstzerstörung kennzeichnen sein Leben. Thomas lebt zurzeit im „Haus der Schweine".

Michaelas Lebensgeschichte ist die einer Frau, die über lange Zeit ein Doppelleben führt. In einem Leben ist sie frei, im anderen eine Gefangene ihrer Sucht. Michaela lebt zurzeit im „Haus der Knechte“.

Matthias’ Geschichte ist der Inbegriff einer heilen Welt, einer gesunden Familie, eines gelungenen Lebensentwurfs. Seine Geschichte klingt nach Paradies. Matthias lebt zurzeit im „Haus des Vaters“.

Auch Ihre Lebensgeschichte spielt sich in verschiedenen Häusern ab, die unterschiedliche Namen und Bezeichnungen tragen. Begeben Sie sich mit mir auf eine Reise, die uns in vier ganz unterschiedliche Häuser führen wird. Finden Sie heraus, wo Sie in Zukunft leben, und entdecken Sie, wo Sie ankommen wollen.

Kapitel 1

Das Haus der Fremde

„Eines Tages sagte der Jüngere zu ihm: ‚Vater, ich will jetzt schon meinen Anteil am Erbe ausbezahlt haben.' Da teilte der Vater sein Vermögen unter ihnen auf. Nur wenige Tage später packte der jüngere Sohn alles zusammen, verließ seinen Vater und reiste in ein fernes Land" (Lukas 15,12–13; Hfa).

„Ein Mann hatte zwei Söhne ..." – mit diesen Worten beginnt die Geschichte von zwei völlig unterschiedlichen Brüdern. Im Grunde unternimmt jeder der beiden eine geistliche Reise: Der Jüngere lernt vier, der ältere nur zwei „Häuser" – Lebensstationen – kennen. Und auch Ihre persönliche Lebensgeschichte spielt sich in einigen dieser Häuser ab.

In den vier Gemälden der englischen Malerin Sue Vernon-Schad, die Sie auf dem beiliegenden Lesezeichen abgedruckt finden, werden die Worte des Gleichnisses zu Bildern, die uns auf die Reise begleiten. Die vier Häuser stehen für verschiedene Lebensstationen auf der Reise zum Haus des Vaters. Wir werden sie umkreisen, hineingehen, uns darin aufhalten und uns dann wieder von ihnen verabschieden, denn unser letztendliches Ziel ist das Haus des Vaters.

Bildinterpretation „Das Haus der Fremde"

Die Reise beginnt im Haus der Fremde. Der jüngere Sohn hat das Haus des Vaters verlassen und ist in ein fernes Land gegangen, in die „Fremde".

Das Haus der Fremde wird in unserem Bild von der von Wolkenkratzern geprägten modernen Stadtlandschaft symbolisiert. Hinter den neongrünen Reflektionen der Fassaden in der großstädtischen Skyline verbergen sich sowohl die Erfolgsgeschichten der Gewinner als auch die gescheiterten Lebensentwürfe der Verlierer. Die abstrakte rötliche Berglandschaft erinnert an das Auf und Ab des Börsenkurses in der Welt der Hochfinanz. Der orange-rote Himmel wirkt bedrohlich auf den Ängstlichen, winkt aber dem Risikobereiten und lädt ihn ein, sein Glück zu versuchen. Der einzelne Mensch scheint keine Rolle zu spielen in einer Welt, die sich selbst genug ist. Am Fuße dieser schönen neuen Welt wird das Bild dunkler. Und ganz nach unten fällt schließlich gar kein Licht mehr.

Jenseits des Vaterhauses

Am Anfang ist das Haus. Das Erste, was ein Mensch sich baut, ist ein Dach über dem Kopf. Er baut sich eine Unterkunft aus Holz, aus Stein oder aus Stroh. Er baut es auf Felsen, auf Sand, auf festen Grund oder auf ein Boot – aber er baut sich ein Haus. Er will nicht unbehaust sein, will ein Dach über dem Kopf, um sich vor der Witterung, vor wilden Tieren und ungebetenen Gästen zu schützen. Dann richtet er sich darin ein und bewohnt es, beseelt es, verleiht ihm seine Prägung und einen Namen. So wird ein Haus zum Haus des Müllers, zum Haus des Bäckers, zum Haus des Pfarrers. Es beginnt, zu leben und eine Geschichte zu erzählen.

Wo wurden Sie geboren? Nein, ich meine nicht Ihren tatsächlichen Geburtsort, mag er Hamburg, Bamberg oder Michelstadt heißen. In was für ein Elternhaus wurden Sie hineingeboren? War es von Liebe und Verständnis geprägt oder regierten Kühle und Ablehnung? War es tendenziell ein Haus der Nähe oder eher distanziert, war es ein Haus der Geborgenheit oder ein Haus der Verlorenheit, ein Haus der Annahme oder ein Haus der Gleichgültigkeit, ein Haus des Friedens oder ein Haus der Aggressionen? Welche Erinnerungen haben Sie an Ihr Zuhause? Je nachdem, wie die Erinnerungen ausfallen, kommt man gern zu Besuch nach Hause oder eben nicht. Und auch die Gefühle, die die Worte „Mutter“ und „Vater“ in uns auslösen, werden von diesen Erinnerungen geprägt. Gott wird uns in der Bibel immer wieder als unser Vater präsentiert und auch in der Geschichte vom verlorenen Sohn begegnet er uns in dieser Rolle.

Einer meiner Freunde hat einmal an einem theologischen Seminar teilgenommen. Er erzählte, dass ein Referent während seines Vortrags plötzlich sehr persönlich wurde und fragte: „Wer hat nie von seinem Vater zu hören bekommen: ‚Ich liebe dich, mein Sohn, meine Tochter, mein Kind?'"

Mein Freund erzählte mir auch von seiner Reaktion auf diese Frage: „Plötzlich sah ich, dass sich meine rechte Hand wie von selbst hob. Als ich das merkte, nahm ich sie schnell wieder herunter. Im selben Moment begann ich zu weinen und aus der Tiefe meines Herzens überflutete mich ein großer Schmerz. Es war wie ein Dammbruch. Ich weinte, weil ich mich nicht daran erinnern konnte, die drei Worte ‚Ich liebe dich' je aus dem Mund meines Vaters gehört zu haben."

„Vater" – dieses Wort löst viele Emotionen aus. Wut oder Traurigkeit bei denen, die nie einen emotionalen Zugang zu ihrem eigenen Vater hatten. Ein Gefühl des Betrogenseins oder der Leere bei denen, die ihren Vater nicht gekannt haben, und Hass bei denjenigen, die Missbrauch durch ihren Vater erlebten. Warme Gefühle der Geborgenheit bei denen, die einen Vater hatten, der seine Liebe auch in Worte fassen konnte. Die Spanne der Emotionen ist so groß wie die Möglichkeiten des Lebens.

Was bedeutet es für die persönliche Entwicklung von Menschen, wenn sie unzulängliche Väter, wechselnde männliche Bezugspersonen oder gar keinen Vater hatten? Und welche Rolle spielt unser menschliches Vaterbild für unseren Glauben?

Immer wieder weisen Therapeuten darauf hin, wie prägend das Vorbild unserer Eltern für unsere eigenen Reaktionsmuster und Verhaltensweisen ist. Und es scheint so zu sein, dass wir Gott unbewusst mit unseren Vätern und Müttern gleichsetzen. Je positiver wir den eigenen Vater erlebt haben, desto leichter fällt es uns, Vertrauen zu Gott zu entwickeln und zu glauben, dass er wirklich ein liebender Vater ist. Je negativer unser eigener Vater sich verhalten hat, desto schwerer fällt es uns, für wahr zu halten, dass es einen liebevollen Vater im Himmel gibt. Dabei ist es ja in Wirklichkeit genau umgekehrt: Nicht Gott hat sich an unseren Vätern – und Müttern – zu messen, sondern unsere Eltern haben sich an Gott, dem Vater aller Väter, zu messen.

In der Bibel heißt es, dass Jesus der Sohn Gottes ist, der unbegreiflicherweise sein Gottsein aufgegeben hat, um Mensch zu werden. Bevor er Mensch wurde, war er Sohn – der Sohn des Höchsten. Er kannte den Vater buchstäblich seit ewigen Zeiten.

Im Evangelium des Johannes heißt es: „Kein Mensch hat jemals Gott gesehen. Doch sein einziger Sohn, der den Vater genau kennt, hat uns gezeigt, wer Gott ist" (Johannes 1,18; Hfa). Wenn das stimmt, dann kann nur Jesus glaubwürdig von seinem Vater im Himmel erzählen. Jesus kam also mit einem Auftrag zu uns Menschen: Er wollte uns den Vater im Himmel vorstellen.

Das erste Gebet, das er seine Nachfolger lehrte, begann mit den Worten: „Unser Vater im Himmel". Das Erste, was Jesus seinen Nachfolgern mitteilte, war also: „Ihr habt einen Vater im Himmel, der sich für euch interessiert – unabhängig davon, wer oder wie euer irdischer Vater gewesen ist."

Das Haus des Vaters steht für unsere Beziehung zu Gott. Jesus sagt: „So wie der Vater im Gleichnis, so ist Gott. Er ist reich, er ist großzügig, er hat ein Erbe zu vergeben, er schenkt Freiheit, er ist nicht nachtragend, sondern barmherzig mit all seinen Töchtern und Söhnen – und er feiert gern!" Wer kann schon von sich sagen, dass er einen solchen Vater hatte?

Warum wollte der jüngere Sohn einen so vollkommenen Vater verlassen?

Die Tragödie des jüngeren Sohnes wird in aller Sachlichkeit erzählt: Er ließ sich sein Erbe auszahlen. Die Versuchung liegt nah, den Aufbruch des jüngeren Sohnes als ganz normalen Entwicklungsschritt zu sehen – doch das ist ein Gedanke des 21. Jahrhunderts. Heutzutage wäre dieses Verhalten tatsächlich ganz alltäglich: Um selbstbestimmt leben zu können, verlässt der jüngere Sohn natürlicherweise sein Elternhaus, sammelt Lebenserfahrungen, erlebt Freud und Leid und geht seinen eigenen Weg. Diese Interpretation wird aber weder dem Gleichnis selbst gerecht noch der patriarchalischen Gesellschaft der damaligen Zeit, die den Hintergrund der Handlung bildet.

Allein der Wunsch des jüngeren Sohnes, sich sein Erbe vorzeitig auszahlen zu lassen, bedeutet in dieser Zeit und Kultur einen unverzeihlichen Schlag ins Gesicht des Vaters. Mit der Forderung nach seinem Erbe macht der jüngere Sohn seinem Vater im Grunde deutlich: „Ich wünschte, du wärst tot!"

Mit der Auszahlung des Erbes gilt der jüngere Sohn als nicht mehr existent. Dies wird später bei seiner Rückkehr deutlich, als der Vater den Zurückkehrenden öffentlich wieder als seinen Sohn und Erben anerkennt. Er gibt ihm den Siegelring, das Zeichen des rechtmäßigen Erben, und ruft aus: „Mein Sohn war tot, jetzt lebt er wieder" (Lukas 15,24; Hfa).

Als der Sohn den Vater mit unbekanntem Ziel verlässt, sagt er sich von ihm als Person los und von allem, was er repräsentiert. Er verabschiedet sich von den Werten, Überzeugungen und religiösen Traditionen seines Elternhauses. Der Sohn signalisiert dem Vater durch sein Handeln: „Ich brauche dich nicht!" Oder um es noch deutlicher zu sagen: Er erklärt den Vater für tot und irrelevant für sein zukünftiges Leben.

Im Gleichnis nimmt der Vater seinen Sohn und dessen Entscheidung ernst. Er lässt ihn gehen, weil er den freien Willen über alles achtet und weil Beziehung nur auf Gegenseitigkeit beruhen kann. Er zahlt ihm das Erbe aus, obwohl er sich sicher ist, dass der Sohn es verschwenden wird.

Der Schmerz des Vaters

Vor einigen Jahren habe ich in Anlehnung an die Ideen des Aktionskünstlers Arno Backhaus in der Fußgängerzone einer Kleinstadt ein Experiment gemacht: Ich setzte mich wie ein Bettler an einen Platz, an dem viele Menschen an mir vorüberkamen. Vor mir stand ein Teller mit Geldstücken. Mein Kapital betrug etwa 60 DM (es war also noch die Zeit vor dem Euro), um meinen Hals hing ein Schild mit der Aufschrift: „Ich bin reich beschenkt. Nehmen Sie sich etwas heraus!"

Zunächst kam ein Polizist vorbei, las das Schild, lachte und ging weiter. Dann kam eine Frau, die scheinbar Geld brauchte. Sie nahm sich eine Mark, küsste mich auf die Wange und ging weiter. Ein Mann blickte sich nach allen Seiten um und erkundigte sich: „Wo ist die versteckte Kamera?"

Die meisten Menschen gingen mit einem „Ich-lass-mir-nichts-schenken"-Blick an mir vorüber. Eine Gruppe Jugendlicher setzte sich zu mir und fragte mich, was ich da eigentlich täte. Ich begann, von meinem reichen Vater zu erzählen, der ein Erbe zu vergeben hat. Dann kam ein drogensüchtiger junger Mann, ein Junkie, leicht erkennbar an den stecknadelkopfgroßen Pupillen und der schäbigen Kleidung. Er setzte sich vor mich hin und begann langsam, die Silbermünzen aus dem Teller zu klauben. Dann ging er wieder, ohne mir einmal in die Augen geschaut oder wenigstens ironisch gegrüßt zu haben. Er nahm das Geld provozierend langsam heraus, um es in Drogen umzusetzen.

Damals bekam ich eine erste Ahnung davon, wie sehr es Gott den Vater schmerzt, wenn seine Kinder sein Erbe verschleudern und wenn sie nichts mehr mit ihm zu tun haben wollen und ihn einfach ignorieren. Gottes Schmerz über die vielen verlorenen Töchter und Söhne, die jeden Tag ihr Erbe verschleudern, muss ungeheuer groß sein. Aber er hindert sie nicht daran, dies zu tun. Er respektiert die Freiheit seiner Kinder selbst dann, wenn sie mit dieser Freiheit nicht umgehen können. Aus diesem Grund sind auch so viele Menschen fern vom Haus des Vaters. Eigentlich sollte dies der Ort sein, an dem wir zu Hause sind. Leider können wir uns nur noch schemenhaft daran erinnern, und das hat seinen Grund.

„… und reiste in ein fernes Land“ (Lukas 15,13; Hfa).

Der jüngere Sohn verließ das Haus des Vaters, reiste in ein fernes Land – und zog in das Haus der Fremde ein.

Wir alle wurden in diesem Haus geboren. Wir nennen es die „Erde“, den blauen Planeten oder einfach die Welt, in der wir leben. Dieses Haus liegt jenseits von Eden, außerhalb des Paradieses.

Unser eigentliches Zuhause ist das Haus des Vaters; diesen Ursprung aber haben wir vergessen. Er liegt so weit zurück, dass wir uns nicht daran erinnern können. Die Väter der großen psychotherapeutischen Schulen haben mit dem Begriff des „Kollektiven Unterbewusstseins“ (C. G. Jung) und den „Archetypen“ versucht, eine Art Ur-Erinnerung und gemeinsame Ur-Erfahrung der Menschheit zu beschreiben.

In unserem Gleichnis steht die Reise des jüngeren Sohnes auch stellvertretend für die Reise der ganzen Menschheit. Der jüngere Sohn und auch das prototypische erste Menschenpaar im Paradies glauben, dass Gott ihnen etwas vorenthält: das selbstbestimmte, volle, übersprudelnde Leben.

Ein solches Leben scheint nur außerhalb des Vaterhauses möglich zu sein. Vielleicht hat der jüngere Sohn – ähnlich wie Adam und Eva – eine verführerische Stimme gehört, die sagte: „Dein Vater will dich nur kleinhalten. Du verpasst das wahre Leben.“

Und sie hören auf diese Stimme. Die Folgen sind bekannt: Der jüngere Sohn verlässt das Haus des Vaters und die Menschheit das Paradies. Vor dem nun verlorenen Garten Eden stehen Kampfengel mit gezückten Schwertern. Der Weg zurück ist versperrt. Unser ganzes Leben, unsere Beziehungen, unsere Liebe, unsere Arbeit – alles findet außerhalb des Paradieses statt und trägt die Narben der Entfremdung von Gott.

Die Welt, in der wir leben, ist das Haus der Fremde. Es ist der Ort, den der jüngere Sohn, den Adam und Eva und als deren Nachkommen auch wir als unseren Lebensraum gewählt haben. Im Haus der Fremde müssen wir im Schweiße unseres Angesichts unser Brot verdienen, müssen Frauen unter Schmerzen Kinder gebären, müssen wir uns vor vielen Feinden und vor uns selbst in Acht nehmen.

Und weil wir nun schon sehr lange im Haus der Fremde wohnen, haben wir vergessen, dass so etwas wie das Haus des Vaters überhaupt existiert. Die Menschheit befindet sich damit in einer Art „metaphysischer Obdachlosigkeit". Sie ist eigentlich dazu berufen, eine ewige Wohnung zu haben, gibt sich aber mit einem vergänglichen Haus zufrieden. Die Menschheit ist aus der Sicht der Ewigkeit „unbehaust".

Rainer Maria Rilke hat das Lebensgefühl des „unbehausten" Menschen in dem Gedicht „Herbsttag" festgehalten:

„... Wer jetzt kein Haus hat, baut sich keines mehr,
wer jetzt allein ist, wird es lange bleiben,
wird wachen, lesen, lange Briefe schreiben
und wird in den Alleen hin und her
unruhig wandern, wenn die Blätter treiben."

Der Koreaner Kim-Duk erzählt in seinem Film „Bin-jip" von einem jungen Mann, der in Abwesenheit der eigentlichen Bewohner in fremde Häuser eindringt und sie für einige Stunden bewohnt. Er wäscht die Kleidung der Abwesenden, kocht sich ein kleines Menü und verschwindet wieder, fast ohne Spuren hinterlassen oder etwas zerstört zu haben.

Bei einem seiner „Hausbesuche" trifft der heimatlose Einbrecher in einer pompösen Villa auf eine misshandelte Ehefrau, die wie verloren in der eigenen Wohnung lebt. Sie entdecken eine Seelenverwandtschaft und werden zu Partnern auf der Suche nach einem namenlosen Geburtsland. Gemeinsam ziehen sie nun durch fremde Häuser und entwickeln ein Ritual: Sie fotografieren sich vor den Familienporträts des jeweiligen Wohnungsbesitzers und werden für einen flüchtigen Augenblick zu einem Teil der unbekannten Familie.

Das Drama der „inneren Obdachlosigkeit" wird für einen flüchtigen Moment geklärt. Der Film, dessen Schönheit auch in seiner Sprachlosigkeit liegt, ist ein cineastischer Spiegel einer Zeit, in der nomadisierende Großstadtbewohner ein „anderes“ Zuhause suchen.

Vaterbilder

Einer meiner Kollegen erzählte im Rahmen des evangelischen Religionsunterrichts das Gleichnis vom Vater und den zwei Söhnen bis zu dem Punkt, an dem der jüngere Sohn beschließt, nach Hause zu gehen, ohne zu wissen, wie der Vater ihn dort empfangen wird. Mein Kollege ließ den Schluss offen und gab den Schülern die Aufgabe, sich paarweise in die Rolle von Vater und Sohn hineinzuversetzen und im Rollenspiel einen eigenen Schlussdialog zu erfinden.

Da die Schüler das Gleichnis nicht kannten, war zu erwarten, dass sie ihre eigenen Erfahrungen und Erwartungen in das Spiel hineinfließen lassen würden. Die Ergebnisse wurden dann der Klasse vorgespielt.

Die wenigsten Schülerpaare kamen von sich aus auf den von Jesus erzählten Schluss mit der bedingungslosen Annahme des Sohnes. Die meisten präsentierten einen Vater, der den Sohn zwar wieder aufnahm, aber nicht, ohne Bedingungen zu stellen. Der Sohn wurde zum Knecht, der seine Schuld abarbeitete, so wie er es selbst vorgeschlagen hatte. Fazit: Rückkehr ist gestattet – aber die eigene Schuld muss abgearbeitet werden. Man bekommt das, was man verdient.

Einige Schüler wählten ein dramatisches Ende und ließen den Vater bei der Rückkehr des Sohnes sagen, dass er nichts mehr mit einem solchen Versager zu tun haben wolle und dass er „sich vom Acker machen“ solle. Daraufhin brachte der Sohn in einem letzten Aggressionsschub den Vater um.

Diese drei Reaktionen der Schüler scheinen mir symptomatisch für unsere Zeit: Da niemand mehr die Bibel kennt, bleiben die Botschaft Jesu und das Wissen um die Großzügigkeit des Vaters weitgehend unbekannt. Da eine Auseinandersetzung mit den Wurzeln der christlichen Kultur ausbleibt, begeben sich die Menschen in eine geschichtslose innere Distanz und haken das Thema „Christentum" als langweilig und irrelevant ab. Papst Benedikt XVI. hat einmal gesagt, dass die heutige Haltung etwa folgendermaßen formuliert werden könnte: „Das Christentum, das kennen wir ja, und jetzt suchen wir etwas anderes."[2]

Das Gerechtigkeitsempfinden der meisten Schüler ließ sie ein Ende erfinden, in dem der Sohn für seine Fehler geradestehen muss, aber immerhin nicht völlig verstoßen wird. Das Gerechtigkeitsempfinden eines Menschen nährt sich aus seinem Umfeld – dem, was er täglich hört, erlebt und mitbekommt. Doch je weniger dieses Umfeld von den Worten Jesu geprägt ist, desto weniger kann die radikale Botschaft, die Jesus uns gebracht hat, noch das allgemeine Empfinden prägen. Die „ungerechte", weil völlig unverdiente Gnade, die der Vater dem Sohn entgegenbringt, ist sozusagen „nicht von dieser Welt", und von allein kommen wir nicht auf den Gedanken, dass es eine solche bedingungslose Liebe geben könnte.

Die Variante mit dem Vatermord zeigt, wie abhängig der Mensch von der Annahme anderer Menschen ist. Die Ablehnung, die der Sohn durch seinen Vater erlebt, lässt ihn Amok laufen und weist auf ein Grundbedürfnis des Menschen hin: Er will geliebt werden. Wenn die Bitte um Vergebung auf Ablehnung stößt, wird der Rückkehrer für immer zum Verlorenen. Wer sich selbst als Verlorenen begreift, hat nichts mehr zu verlieren, gibt sich selbst auf und handelt nach dem Motto: „Wenn ich schon untergehe, dann wenigstens nicht allein."

Die berühmte Gretchenfrage

Gleichgültigkeit gegenüber Gott ist eine weitere Variante vom Auszug des jüngeren Sohnes, der seinen Vaters nicht durch einen aktiven Akt verlässt, sondern durch schlichtes Desinteresse aus seinem Leben verbannt.

Der jüdische Theologe Martin Buber erzählte folgende Geschichte: Rabbi Baruchs Enkel Jechiel spielte mit einem anderen Knaben Verstecken. Er verbarg sich gut und wartete darauf, dass sein Gefährte ihn suchte. Als er lange gewartet hatte, kam er aus dem Versteck, aber der andere war nirgends zu sehen. Nun merkte Jechiel, dass dieser ihn von Anfang an nicht gesucht hatte. Darüber musste er weinen. Er lief schluchzend in die Stube seines Großvaters und beklagte sich über den bösen Spielgenossen. Da weinte auch Rabbi Baruch und sagte: „So spricht Gott auch: Ich verberge mich, aber keiner will mich suchen.“[3]

Um die Frage, wie wir eigentlich zu Gott stehen, geht es auch in Goethes „Faust“ bei der berühmten „Gretchenfrage“. Gretchen fragt ihren Liebhaber Faust:

MARGARETE: Nun sag, wie hast du's mit der Religion?
Du bist ein herzlich guter Mann,
Allein ich glaub, du hältst nicht viel davon.
FAUST: Lass das, mein Kind! Du fühlst, ich bin dir gut,
Für meine Lieben ließ ich Leib und Blut,
Will niemand sein Gefühl und seine Kirche rauben.

Faust will ausweichen, weil er Grete nicht betrüben will. Doch Grete ist das Thema wichtig, und sie will nun wissen, ob er an Gott glaubt.

FAUST: Mein Liebchen, wer darf sagen:
Ich glaub an Gott? [...]
Wer darf ihn nennen?
Und wer bekennen:
Ich glaub ihn?
Wer empfinden
Und sich unterwinden
Zu sagen: ich glaub ihn nicht? [...]
Nenn's Glück! Herz! Liebe! Gott!
Ich habe keinen Namen
Dafür! Gefühl ist alles;
Name ist Schall und Rauch,
Umnebelnd Himmelsglut. [...]

MARGARETE: Wenn man's so hört, möchte's leidlich scheinen,
Steht aber doch immer schief darum;
Denn du hast kein Christentum.[4]

Gretchens Fragen und Fausts Antworten erinnern sehr an den heutigen Umgang vieler Menschen mit der Gottesfrage. Auch in unserer Zeit hält man klare Glaubensbekenntnisse für vermessen oder naiv und sieht es als intellektuelle Redlichkeit an, nichts Genaues sagen zu können. Die Gretchenfrage „Wie hältst du's mit der Religion?" ist noch immer vielen Menschen peinlich, weil sie eine persönliche Antwort geben sollen, ohne es zu können oder zu wollen.

Gretchen fragt nach Fausts Glauben und erkennt an seinen nebulösen Antworten, dass Faust „kein Christentum hat". Faust will Grete gern „ihre Kirche lassen", er selbst kann aber weder mit der bestehenden Kirche noch mit Gretes Gott etwas anfangen. Goethes Faust steht mit seiner Ablehnung eines persönlichen Glaubens für das Ende einer christlich-europäischen Kultur, die am Beginn des 20. Jahrhunderts Goethes Pantheismus für gut befunden hat und am Beginn des 21. Jahrhunderts durch das Desinteresse der satten Konsumgesellschaft komplett vernichtet wurde.

Die postchristliche Kultur wird heute durch den „Verlust der Mitte" gekennzeichnet und diese Mitte wird auch nicht wirklich vermisst. Der Philosoph Peter Sloterdijk beantwortet Gretes Frage eindeutig: „Wie also haben wir's mit der Religion? Ich denke, wir sollen weiter ihre Marginalisierung feiern."[5]

Seit der Aufklärung vertreten liberale, marxistische und psychoanalytische Kritiker die Auffassung, dass Religion einen verfremdeten Zustand der menschlichen Entwicklung widerspiegle. Religion sei im Kern primitiv, archaisch und irrational, allenfalls zu tolerieren als Opium für die Zu-kurz-Gekommenen und die Armen. Wachsender Wohlstand und Bildung brächten Menschen dagegen Zufriedenheit und Glück. Wer auf der Erde schon reich und glücklich werden kann, hat die Hoffnung aufs Paradies nicht mehr nötig. Mit zunehmendem Wohlstand würden sich folglich Glaube und Religion von selbst erledigen.

Dies ist einer der Hauptgründe dafür, warum die Menschheit sich im Haus der Fremde wohnlich eingerichtet hat und dort heimisch geworden ist. Indem sie Häuser gebaut und Nachkommen gezeugt hat, wurde das Haus der Fremde zu ihrer ersten Heimat. Und mit dem Verblassen der Erinnerung an das Haus des Vaters verlor sich auch die Sehnsucht nach Gott immer mehr.

Der Kampf in uns

In den vergangenen beiden Jahrhunderten wurde im Zuge der Aufklärung und der offensichtlichen „Verweltlichung" der Gesellschaft ein neuer Typus Mensch geprägt. Der moderne Mensch befreite sich nach Kant von der „selbstverschuldeten Unmündigkeit" und brach mit Konventionen und Traditionen.

Doch aus irgendeinem Grund passierte nicht das, was man erwartet hatte. Auch Bildung und Wohlstand bewirkten nicht, dass die Menschen nun glücklich und zufrieden waren – im Gegenteil, eine immer größere Leere und Sinnlosigkeit machten und machen sich noch immer breit. Dies hängt mit einer fatalen Entwicklung zusammen: Wenn man sich von einem Herrscher befreit, bedeutet das oft, dass man sich in die Hand eines anderen, oft noch schlimmeren Herrschers begibt.

Der jüngere Sohn, der nicht mehr unter der Autorität des Vaters leben wollte, fand sich nach einigem Irren und Wirren unter der harten Herrschaft eines Schweinebauern wieder.

Heute scheint es fast, dass wir zu Sklaven unserer grenzenlosen Freiheit geworden sind, die wir nicht beherrschen können. Der Mensch im Haus der Fremde hat sich selbst von seinen Wurzeln abgeschnitten, um von Gott frei zu sein – doch das ersehnte Glück hat ihm dies nicht eingebracht.

Die italienische Schriftstellerin Susanna Tamaro sieht in dem Gleichnis vom verlorenen Sohn eine starke Metapher für die Haltung des modernen Menschen: „Nach und nach haben wir uns von allem befreit: von Tabus ebenso wie von Beschränkungen, von Zweifeln und innerer Unruhe und nicht zuletzt von moralischen Regeln. Wir haben uns vor allem von der veralteten und unterdrückenden Vorstellung der Existenz Gottes befreit. Nun leben wir mit der Gewissheit, die alleinigen Sachverwalter unserer Geschichte zu sein.“[6]

Ein flüchtiger Blick auf die Geschichte der Menschheit zeigt, dass der Brudermord von Kain an Abel sich in der Geschichte der Völker ständig wiederholt. Nicht nur das Blut Kains schreit zum Himmel, sondern auch das Blut der Juden in aller Welt, der Tutsi in Ruanda, der Kambodschaner auf den *Killing Fields* und unzähligen anderen Schauplätzen.

Um der Anonymität des Bösen in unserer Welt ein Gesicht zu geben, möchte ich von einem Dorf im Kosovo namens Krushevogel erzählen. Ein Dorf, in dem Serben und Albaner seit vielen Generationen zusammenlebten, gemeinsam auf den Feldern arbeiteten und tagelang fröhlich Hochzeiten feierten.

Agaon, ein Soldat der albanischen Widerstandsarmee (UCK), umging die serbischen Kontrollpunkte und klopfte nachts um zwei Uhr bei seinen Verwandten an die Tür. Er warnte seinen Onkel, seine Tante und ihre Kinder vor einem bevorstehenden Angriff der serbischen Polizei und der Paramilitärs und beschwor sie, über die Berge nach Albanien zu flüchten oder sofort mit ihm aufzubrechen. Der Onkel und die Tante wiegelten ab; sie fühlten sich sicher.

Am nächsten Morgen wurde das Dorf umstellt. Die serbischen Nachbarn waren plötzlich bewaffnet und zeigten den Paramilitärs die Häuser der Albaner. Die Albaner wurden zusammengetrieben, die Männer von den Frauen und Kindern getrennt. Frauen und Kinder wurden gezwungen, sich auf den Weg nach Albanien zu machen. Als sie einige Stunden in Richtung der Berge gelaufen waren, vernahmen sie die Maschinengewehrsalven, mit denen die Serben sämtliche noch im Dorf verbliebenen Männer erschossen. Der Jüngste war 10 Jahre alt, der Älteste 72. 119 Männer starben, sechs überlebten das Massaker.

Zwei der Überlebenden, Mehmet Krasniqi und Lutfi Ramadani, sagten vor dem Internationalen Gerichtshof in Den Haag gegen Milosevic aus. Sie erzählten, was am 26. März 1999 mit den Männern geschah:

Nachdem die Serben die Männer von den Frauen und Kindern getrennt hatten, wurden sie in eine Scheune gebracht. Sie mussten sich dort an die Wände stellen. Dann schossen die Serben 15 Minuten lang durch die Wände und Fenster der Scheune. Die albanischen Männer waren wie gelähmt, sodass sie sich kaum wehrten.

Als die Serben in die Scheune feuerten, erkannte einer der Albaner, der durch das Fenster nach draußen schaute, seinen serbischen Nachbarn. Er rief den Namen des Nachbarn: „Dimitri [Name geändert]! Warum tust du das?“

Dimitris Antwort war eine Salve aus dem Maschinengewehr. Dann ging einer der Serben in die Scheune und erschoss die noch Lebenden einzeln mit einer Pistole. Anschließend warfen sie noch Brandgranaten hinein.

1999 brachten die Serben im Kosovo fast 20.000 Albaner um. 1994 erschlugen und zerhackten die Hutu in Ruanda über 800.000 Tutsi. Wenn man von diesen oder anderen Gräueltaten hört, dann stellt sich die Frage: Was bringt Menschen dazu, alle humanen Grenzen niederzureißen, um zu töten und zu morden? Der äußere Anstrich der Zivilisation scheint trotz der Aufklärung im Laufe der Jahrtausende nicht dicker geworden zu sein. Es hat den Anschein, als müssten sich nur die Umstände ein wenig verändern, um die schlummernden Dämonen in uns zu wecken.

Jesus sagte einmal, dass alle Menschen, die nicht unter der guten Autorität des Vaters leben, unter die Herrschaft der Dämonen fallen:

„Denn ihr seid Kinder des Teufels. Und deshalb handelt ihr so, wie es euerm Vater gefällt. Der war schon von Anfang an ein Mörder und ein Feind der Wahrheit. Die Lüge gehört zu seinem Wesen; denn er ist der Lügner schlechthin, ja der Vater jeder Lüge“ (Johannes 8,44; Hfa).

Der Mensch, der nicht unter der guten Leitung Gottes sein will, gerät unter die Autorität des Bösen, des Dämonischen. Und das Böse zeigt sich in vielen Gestalten.

Wenn man alte Aufnahmen von Hitlers Ansprachen hört, dann spürt man noch heute, wie ein ganzes Volk unter die Herrschaft eines dämonischen Menschen geraten war. Unter der dämonischen Verführung wurden Juden als „lebensunwertes Leben“ deklariert und niemand tat etwas gegen ihre Massenermordung. Albaner und Tutsi wurden zu Menschen zweiter Klasse erklärt. Ungeborenen Kindern wird das Recht auf Leben abgesprochen; sie werden abgetrieben.

Wer die Menschen und sich selbst gut kennenlernt, der stellt zu seinem Erstaunen fest, dass jeder Einzelne nicht nur zu allem Guten, sondern auch zu allem Bösen fähig ist.

Dass der Mensch trotz seiner tragischen Geschichte meint, ohne den Vater auskommen zu können, hängt auch damit zusammen, dass diejenigen, die im Namen Gottes reden sollten, viel zu oft schwiegen.

Das Schweigen der Priester

Ich wuchs gemeinsam mit meinen fünf Geschwistern in einem ganz normalen Elternhaus auf. Reihenhaus mit Garten, deutscher Mittelstand, Vater evangelisch, Mutter praktizierende Katholikin. Wir Kinder gingen alle sonntags brav zur Kirche, nahmen an Kommunion und Firmung teil. Doch dann verdunstete bei mir die anerzogene Religion im Verlauf der Pubertät, ohne dass sie irgendwelche Spuren in meinem Leben hinterlassen hätte.

Dies scheint im westlichen Kulturkreis der Normalfall zu sein. In einer gewöhnlichen evangelischen Gemeinde finden sich sonntags ca. 25 Personen mit einem Durchschnittsalter jenseits der Pensionsgrenze ein. Eine Änderung ist nicht in Sicht. Die kurze Phase der religiösen Unterweisung in Form von Konfirmandenunterricht oder Ähnlichem bleibt Jahr für Jahr weitgehend folgenlos. Dies scheint aber niemanden zu stören. Weder die Kirchenleitung noch den Pfarrer, geschweige denn die Jugendlichen selbst, die sich gerade vor der versammelten Gemeinde zum christlichen Glauben bekannt haben und schon einen Sonntag später den Weg zur Kirche nicht mehr finden.

89 Prozent der evangelischen Kirchenmitglieder wird man nur zur Hochzeit und zur Beerdigung in einer Kirche sehen. Während in der evangelischen Kirche die blutleere Predigt keine Toten mehr erweckt, hat die katholische Kirche das Mysterium, das Geheimnis des Glaubens, sakramental bewahrt und damit eine erheblich bessere Kirchenbindung erzielt.

In Deutschland gehören 45 Millionen Deutsche zu einer der beiden Volkskirchen und ca. eine halbe Million zu den kleineren Freikirchen. In all diesen Gemeinden gibt es grob vereinfacht zwei Personengruppen: Die eine (kleinere) Gruppe hat eine echte innere Bindung an die Kirche, geht regelmäßig zum Gottesdienst und würde sich (wenn man sie fragte) selbst als „gläubig“ bezeichnen. Die andere (viel größere) Gruppe gehört zwar offiziell zur Kirche, nutzt aber die regelmäßigen Angebote nicht und vermisst sie vor allem nicht. Diese Gruppe würde sich selbst (wenn man sie fragte) als „distanziert, mit eher unspezifischem Glauben“ bezeichnen.

Falls Sie sich mit der größeren Gruppe identifizieren: Haben Sie sich schon einmal gefragt, warum Ihnen persönlicher Glaube und Kirche wenig bedeuten?

Es gibt eine Reihe von persönlichen Gründen, die oft genannt werden: Unschöne Begegnungen mit Gottes „Bodenpersonal“. Gottesdienste, mit denen der moderne Mensch nichts mehr anfangen kann und die Langeweile verbreiten. Der Vorwurf, dass die Kirche sich zu sehr in die Politik einmische, oder das Gegenteil: dass sie zu wenig Stellung zu aktuellen Fragen nehme. Die allermeisten Menschen aber haben festgestellt, dass sie einfach kein Interesse an der Kirche und an religiösen Fragen haben.

Falls Sie als Kind getauft wurden und an Kommunion/Firmung bzw. Konfirmation teilgenommen haben, sind Sie kirchenrechtlich gesehen ein Christ. Vielleicht haben Sie aber selbst schon einmal den Verdacht gehabt, dass diese kirchlichen Rituale Sie nicht in einen gläubigen Menschen verwandelt haben. Was Sie mit Kirche im Kern verbinden, ist Desinteresse und eine vage Erinnerung, die mit Langeweile zu tun hat. So etwas wie eine persönliche Begegnung mit Gott haben Sie nicht erlebt. Der Vater, den Jesus im Gleichnis beschreibt, ist für Sie nicht existent.

Möglicherweise ahnen Sie nicht einmal, dass Sie jenseits von Eden, im Haus der Fremde leben. Sie sind (noch) nicht auf dem Weg zum Haus des Vaters. Sie können sich auch nicht vorstellen, dass der Vater Sie sehnlichst erwartet, um Ihre Rückkehr zu feiern, denn wahrscheinlich hat Ihnen das noch niemand gesagt. Die Wahrscheinlichkeit, dass ein Berufschrist mit Ihnen darüber spricht, ist gering.

Für fast alle Kirchen gilt: Wenn Sie Kirchenmitglied sind, aber nicht zur Kirche gehen, wird nie jemand kommen und Sie fragen, warum das so ist. Außer Sie treten offiziell aus der Kirche aus. Zumindest dann besteht die Chance, dass Sie in den Genuss eines Briefes oder sogar eines persönlichen Besuches kommen.

Warum scheint kein Pfarrer oder Priester sich daran zu stören, dass der Vater im Himmel so selten Grund hat, sich über zurückgekehrte Söhne und Töchter zu freuen? Warum scheint es nur so wenige Hirten zu geben, die sich auf die Suche nach dem verirrten Schaf machen? Sind die Priester etwa wie der ältere Sohn, der jahraus, jahrein auf dem Feld des Vaters arbeitet? Sie machen ihren Job, so wie sie es schon immer getan haben. Dass auf dem Feld, das sie bearbeiten, kaum noch etwas wächst, scheint sie nicht wirklich zu stören. Die Glocken rufen am Sonntagmorgen noch immer die Gläubigen. Aber es scheint niemanden zu stören, dass fast niemand kommt.

Natürlich, um eine Beziehung zu Gott zu pflegen, muss man nicht unbedingt in eine Gemeinde gehen. Das klingt auf den ersten Blick eigentlich recht gut. Praktisch aber bedeutet es, dass kaum ein Pfarrer erwartet, Sie jemals in der Gemeinde anzutreffen. Er rechnet nicht mehr damit, dass es „jüngere Söhne“ gibt, die umkehren wollen. Er hält nicht wie der Vater

Ausschau nach Heimkehrern. Die Mehrheit der Menschen lebt dauerhaft im Haus der Fremde – aber das fällt niemandem mehr auf.

Doch diese Situation scheint nicht neu zu sein. Der Prophet Hesekiel bekam vor etwa 2.600 Jahren den Auftrag, Anklage gegen die Priesterkaste zu erheben: „Das Schwache stärkt ihr nicht, und das Kranke heilt ihr nicht, das Verwundete verbindet ihr nicht, das Verirrte holt ihr nicht zurück, und das Verlorene sucht ihr nicht; das Starke aber tretet ihr nieder mit Gewalt. Und meine Schafe sind zerstreut, weil sie keinen Hirten haben, und sind allen wilden Tieren zum Fraß geworden und zerstreut" (Hesekiel 34,4–5; LÜ).

Dann gibt Gott selbst ein Versprechen, eine Verheißung: „Denn so spricht Gott der Herr: Siehe, ich will mich meiner Herde selbst annehmen und sie suchen. Wie ein Hirte seine Schafe sucht, wenn sie von seiner Herde verirrt sind, so will ich meine Schafe suchen und will sie erretten von allen Orten, wohin sie zerstreut waren zur Zeit, als es trüb und finster war" (Hesekiel 34,11–12; LÜ).

Von Schafen und Menschen

Ich weiß nicht, ob Sie sich selbst als verirrtes Schaf bezeichnen würden. Jesus selbst nennt sich den Guten Hirten und sagt: „Meine Schafe erkennen meine Stimme; ich kenne sie und sie folgen meinem Ruf" (Johannes 10,27; Hfa). Er bezeichnet entsprechend einen Menschen, der den Vater im Himmel nicht kennt, als verirrtes Schaf, das den Weg nach Hause nicht kennt. Weil aber die Priester schweigen, wissen die Schafe meist gar nicht, dass sie sich verirrt haben. Das ist allerdings nichts Neues, sondern zieht sich wie ein roter Faden durch die Geschichte.

In der Bibel heißt es, dass in besonders geistlosen Zeiten der Geist des Herrn die Propheten weckte.

Säkulare Propheten

„Danach aber wird es geschehen, dass ich meinen Geist ausgieße über alles Fleisch. Eure Söhne und Töchter werden Propheten sein, eure Alten werden Träume haben, und eure jungen Männer haben Visionen“ (Joel 3,3; Einheitsübersetzung). In der Geschichte unserer Welt treten von Zeit zu Zeit immer wieder die unterschiedlichsten Propheten auf: Da gibt es die Weltuntergangspropheten, die Propheten des Glücks und des Friedens, es gibt die selbsternannten Propheten, und es gab und gibt biblische Propheten, die im Namen Gottes zur Umkehr aufrufen, wenn Menschen auf dem falschen Weg sind.

Im 20. Jahrhundert tauchte eine neue Gattung von Propheten auf: der säkulare Sänger, der nicht im Namen Gottes eine Umkehr von falschen Wegen fordert, sondern im Namen derer seine Stimme erhebt, die keine Stimme und keine Lobby besitzen.

Der berühmteste dieser säkularen Propheten ist sicher Bob Geldof, der Leadsänger der „Boomtown Rats“, der allerdings nicht so sehr wegen seiner Musik, sondern vor allem wegen seines Engagements für die Armen Afrikas berühmt und sogar von der Queen geadelt wurde.

Das Benefizkonzert „Live Aid“ in London und Philadelphia wurde 1985 über die unterschiedlichsten Medien von mehreren hundert Millionen Menschen gesehen und gehört. 140 Millionen Dollar wurden gesammelt und über eine Stiftung verteilt. 2005 griff Bob Geldof die Forderung des Propheten Amos auf, dass die Gerechtigkeit wie Wasser fließen soll, und forderte die Vertreter der G8-Staaten (acht Geberländer) auf, Afrika zu entschulden. Das „Live 8“-Konzert wurde unter dem politischen Slogan „Make Poverty History“ – „Macht aus Armut Geschichte“ – gleichzeitig in diesen acht Geberländern durchgeführt. Man schätzt, dass zwei Milliarden Menschen zugeschaut oder zugehört haben. Unabhängig davon, ob dieser prophetisch-politische Ruf in der Geschichte verhallen wird oder nicht: Niemals zuvor in der Weltgeschichte wurde jemals eine solche Forderung an die Mächtigen der Welt so klar kommuniziert und so massenhaft vernommen.

Das 20. Jahrhundert war das Jahrhundert der Musik. Niemals zuvor hat die Menschheit so viel Musik gehört wie im letzten Jahrhundert. Beethoven und Mozart spielten zu ihrer Zeit immer live vor einem kleinen, exklusiven Publikum. Heute kennen dank moderner Tonträger Millionen von Menschen Mozarts „Kleine Nachtmusik". Während in früheren Zeiten der gewöhnliche Musikant zur schlechten Gesellschaft gezählt wurde, genießen Musiker heute eine unglaubliche Popularität und einige avancierten zu Superstars.

John Miles' Superhit „Music" wurde zur Hymne einer Generation, die eine wahre musikalische Erweckung erlebte. Ich erinnere mich noch gut daran, wie ich als Jugendlicher von der Kraft und Schönheit dieses vollendeten Songs überwältigt wurde. Ich saß fast andächtig vor der Stereoanlage und lauschte der Dynamik eines Liedes, das mich förmlich in den musikalischen Himmel entrückte.

Einige Jahre später verband sich für mich himmlische Musik mit prophetischer Botschaft, denn ich hörte die irische Band „U2" und ihren Leadsänger Bono Vox singen: „I still haven't found what I'm looking for" („Ich habe immer noch nicht gefunden, wonach ich suche") – das war für mich der Aufschrei eines säkularen Propheten. Bono bezeichnete den Titel als einen „Gospel für einen ruhelosen Geist"[7]. Er schreit in diesem Song den Hunger des Menschen nach echtem Leben, nach Wahrhaftigkeit und nicht zuletzt nach Gott heraus. Er sagt, dass er überall gesucht, aber bis jetzt noch nicht gefunden hat, wonach er sucht. Er ist noch nicht angekommen.

„I have run, I have crawled,
I have scaled these city walls,
Only to be with you
But I still haven't found what I'm looking for."[8]

Wenn die Priester schweigen, werden Musiker zu Propheten. Sie formulieren zwar nicht unbedingt Antworten, stellen aber die richtigen Fragen. Die Musiker der irischen Band „U2" haben als Jugendliche die Bibel gelesen, waren von der Botschaft des Evangeliums und ihrem Verkünder Jesus fasziniert. Sie wurden gläubig. Gleichzeitig tauchten sie in die bunte und inspirierende Dubliner Musikszene ein. Zwei Kulturen trafen aufeinander, die nichts miteinander zu tun hatten. Die Jungs von „U2“ wollten dies ändern und begannen, ihre eigene Suche und die vieler Menschen in die Musik und die Sprache der Neuzeit zu gießen – und erlebten auf der ganzen Welt einen unglaublichen Zuspruch.

Auch in Bezug auf die etablierten Kirchen singt Bono: „Ich habe noch nicht gefunden, wonach ich suche.“ Die drei Christen in der Band – Bono, The Edge und Larry – wuchsen im militarisierten Nordirland auf, wo radikale Katholiken und Protestanten sich gegenseitig das Leben zur Hölle machen. In den USA lernten sie den konservativen Fundamentalismus kennen, von dem sie sich öffentlich distanzierten. Jede Form von organisierter Religion war ihnen suspekt. Der Glaube spielte stattdessen vor allem bei den informellen Treffen der Gruppe eine Rolle.[9]

Bezüglich der eigentlichen Inhalte des christlichen Glaubens gilt die Aussage „I still haven’t found …“ offenbar nicht, denn da scheint Bono gefunden zu haben, was er suchte. Er fasst die wesentlichen Inhalte des christlichen Glaubens in fast orthodoxer Form zusammen:

„*I believe in the kingdom come* […].
You broke the bonds and you loosed the chains
Carried the cross of my shame, of my shame.
You know I believe it.
But I still haven’t found what I’m looking for.“[10]

Welche Aussage von Bono können Sie nachvollziehen? Welches seiner Glaubensbekenntnisse könnten Sie nachsprechen?

Wenn Bono vom kommenden Königreich singt, dann meint er indirekt das Haus des Vaters. Er singt davon, dass der Tod Jesu Christi an einem Kreuz seine (Bonos) Fesseln gelöst hat und dass er sich nicht mehr für seine Schuld schämen muss.

Was Bono hier beschreibt, hat mit grundsätzlichen christlichen Glaubenserfahrungen zu tun, von denen später noch die Rede sein wird. Und was ganz wichtig ist: Sein Glaube bewegt Bono zum Handeln. Er bringt Menschen zusammen, die Gerechtigkeit nicht nur für sich selbst, sondern auch für alle anderen wollen. Er engagiert sich weltweit für humanitäre Projekte wie *Amnesty International*, ist *Unicef*-Botschafter, trifft hochrangige Politiker und sogar den Papst. Sein Leben spiegelt diese Suche und seine Hoffnung auf das kommende Königreich Gottes wider. Doch dabei hat er eines im Hinterkopf: „I still haven't found what I'm looking for."

Meine zweite Begegnung mit einem musikalischen Propheten war die mit „dem Boss", mit Bruce Springsteen, einer lebenden Musiker-Legende, und seiner ebenso legendären „E-Street-Band". Das Konzert dauerte drei Stunden und Springsteen verwandelte das Fußballstadion in eine Art musikalischen Anbetungsgottesdienst. Die 30.000 Fans wurden zu Gläubigen, die auf ein Wort, einen Wink ihres Meisters warteten. Die Ehrfurcht vor Springsteen war grenzenlos. Jeder Hüftschwung, jede Geste, jedes Wort wurden frenetisch bejubelt. Tanzende Studienräte am Rande des Wahnsinns, ganze Familien im gemeinsamen Mitsing-Taumel, schunkelnde Altrocker im Musikhimmel – Springsteen vereinte sie alle und sorgte für eine kollektive Gänsehaut. Ich verließ mit 30.000 Gläubigen die musikalische Messe, hatte die Absolution vom Boss erhalten und fühlte mich mehr als gesegnet.

In seinem für mich prophetischen Lied „Hungry Heart"[11] beschreibt Bruce Springsteen einen Menschen, der falsche Entscheidungen trifft und nicht umkehrt, als er es erkennt. Er stellt fest, dass jeder Mensch ein hungriges Herz hat, sich nach *mehr* sehnt und einen Ort zum Atemholen sucht – und niemand gerne allein ist, gleichgültig, was er sagt. Das Schlimme dabei ist, dass das hungrige Herz aber trotz aller Bemühungen nicht satt wird.

Könnte dieser ersehnte Ort der Ruhe vielleicht das Haus des Vaters sein?

Die dritte Begegnung mit einem musikalischen Propheten war die mit der Gruppe „R.E.M.". Ihr Song „Losing my religion“[12] scheint vom jüngeren Sohn selbst geschrieben. In diesem Lied klingt die altbekannte Melodie wieder an: der Vorwurf an eine imaginäre Person, die einem scheinbar das pralle Leben vorenthält, die Abgrenzung, das Hinter-sich-Lassen der bekannten Welt, um sich dann irgendwann in der Ecke des Lebens ohne Wurzeln und Glauben wiederzufinden.

Drei leidenschaftliche Menschen, professionelle Musiker, eigenständige Denker und auch säkulare Propheten, die ihre tief empfundene Klage über eine orientierungslose Generation heraussingen. Sie sind im Haus der Fremde und haben das, was sie wirklich suchen, doch noch nicht gefunden.

Im Gleichnis heißt es, dass der Sohn in ein fernes Land zieht. Hier holt er alles nach, was er meint, verpasst zu haben. Er probiert alles aus, was es gibt. Auch unser Land ist voll mit Menschen, die sagen: „Ich will mein Leben unbegrenzt genießen.“ Und sie lassen alles hinter sich, was dabei stört: Partner, Kinder, Moral.

Der jüngere Sohn will sich, der Welt und seinem Vater zeigen, dass er sie bzw. ihn nicht braucht. Im Haus der Fremde vollzieht sich die Entfremdung von mir selbst und von anderen. Im Haus der Entfremdung verliere ich mich selbst und werde langsam zum verlorenen Sohn. Wenn man in das Haus der Fremde zieht, sagt man letztlich: „Ich will ohne Gott leben!“

Das Paradoxon des Glücks

Der jüngere Bruder im Gleichnis vom verlorenen Sohn ist auf der Suche nach dem prallen Leben, nach Ekstase, nach Abenteuer, und er will sein Glück in der Ferne (außerhalb der Einfluss-Sphäre des Vaters) suchen.

Jedem Bürger der USA wird in der Verfassung das Recht auf persönliches Glück („pursuit of happiness“) garantiert. Deshalb gibt es dort – einzigartig auf der Welt – eine wissenschaftliche Richtung, die sich „Glücksforschung“ nennt.[13]

Wissenschaftler wie Mihalyi Csikszentmihalyi[14] erforschen, warum manche Menschen fröhlicher, leichter, glücklicher leben – und was man von ihnen lernen kann. Mit Alter, Geschlecht, Herkunft, Wohnort, Reichtum oder Bildung hat das Glücksgefühl ganz offensichtlich nichts zu tun. Nicht einmal mit den ganz großen Ereignissen des Lebens. Womit dann?

Hier sind Csikszentmihalyis 12 Wege zum persönlichen Glück:

Glückliche Menschen ...

- ... hadern nicht mit ihrem Schicksal,
- ... sind risikofreudig,
- ... pflegen freundschaftliche Beziehungen,
- ... arbeiten gern,
- ... sehen wenig fern,
- ... haben eine Vision für ihr Leben,
- ... können sich selbst motivieren,
- ... gehen Probleme direkt an,
- ... genießen die schönen Augenblicke des Lebens,
- ... gönnen sich selbst etwas Gutes,
- ... finden durch ihren Glauben Lebenssinn
- ... und sind nebenbei dankbare und körperlich fitte Menschen.

Glück wünschen wir uns oft – zur Hochzeit, zur Prüfung, zum Geburtstag, zum neuen Job. Aber was macht jemanden zum Glückskind und wodurch wird man zum Pechvogel? Oder stimmt es, was der römische Konsul Appius Claudius sagte: „Jeder ist seines Glückes Schmied!“?[15]

Aber wie schmiedet man das Glück? Diese Frage beantworten heute Glückstrainer und Autoren wie Dale Carnegie. Sein Bestseller „Sorge dich nicht – lebe!“ ist seit mehr als 20 Jahren nicht von der Liste der meistverkauften Bücher wegzudenken und verspricht, das Geheimnis dauerhaften Glücks zu lüften. „Simplify Your Life“ hieß ein weiterer Bestseller der vergangenen Jahre, der Glück durch Vereinfachung versprach.

Normalerweise machen wir Glück daran fest, ob wir es fühlen können. Welches Gefühl löst diese Situation in mir aus? Fühlt es sich gut an? Wir fragen: „Was bringt mir das? Was habe ich davon?" Es geht um mich. Ich bin ja meines Glückes Schmied, also jage ich dem Glück hinterher, und genau davon erzählen die Gebrüder Grimm in ihrem Märchen „Hans im Glück":

Hans hatte sieben lange Jahre bei seinem Meister als Geselle gearbeitet, wollte nun nach Hause und bekam seinen Lohn in Form eines großen Goldklumpens ausgezahlt. Als ihm dieser zu schwer wurde, tauschte er den Goldklumpen gegen ein Pferd, was ihm aber bald gar nicht so nützlich erschien. Eine Kuh war da viel besser, die gab schließlich Milch. Also tauschte er das Pferd gegen eine Kuh, die Kuh gegen ein Schwein, das Schwein gegen eine Gans, die Gans gegen einen Wetzstein. Der Wetzstein fiel dem armen Kerl in einen Brunnen und nun hatte er nichts mehr. Doch damit war auch gleichzeitig alle Last von ihm abgefallen. Er war glücklich.

Was ist die Pointe des Märchens? Der Mensch auf der Suche nach dem Glück, im andauernden Bemühen, nichts zu verpassen, keine Chance auszulassen, verpasst das Glück. Als Hans aufhörte, dem Glück nachzujagen, wurde er glücklich.

Der Psychoanalytiker Viktor Frankl schrieb zu diesem Thema: „Wer Lust anstrebt, dem vergeht sie, wer Glück anstrebt, dem zerbricht es, wer Gelassenheit anstrebt, dem zerrinnt sie zwischen den Fingern. Lust, Glück und Gelassenheit sind Zugaben, Geschenke, Beigaben, wenn wir den Sinn des Lebens gefunden haben."[16]

Wenn Frankl recht hat, dann muss man sich vor der Glücksfrage also erst die Sinnfrage stellen. Im christlichen Glauben lauten die Fragen nach Glück und Sinnfindung: „Möchte Gott, dass die Menschen glücklich werden?" Oder persönlicher: „Will Gott wirklich, dass ich glücklich werde?"

Die erste Antwort formuliert der Prophet Jeremia im 7. Jahrhundert vor Christus, als die Frage nach einem individuellen Glück literarisch noch keine Konjunktur hat, denn der Mensch definiert damals „Glück" immer über das Kollektiv oder die Familie: „Denn ich allein weiß, was ich mit euch vorhabe: Ich, der Herr, werde euch Frieden schenken und euch aus dem Leid befreien. Ich gebe euch wieder Zukunft und Hoffnung" (Jeremia 29,11; Hfa).

Einige Jahrhunderte später fasst Jesus dies ähnlich in Worte: „Ich […] bringe allen, die zu mir gehören, das Leben – und dies im Überfluss" (Johannes 10,10; Hfa). Er verspricht, dass von denjenigen, die an ihn glauben, „Ströme des lebendigen Wassers" fließen.

Gott will, dass unser Leben gelingt. Er will, dass wir uns herrlich lebendig fühlen – körperlich, geistig und seelisch. Gott hat ein Interesse daran, dass wir glücklich sind. Nicht nur die Glücksforscher, sondern auch Jesus lehrt einen Weg zum Glück, allerdings einen sehr eigenen: „Wirklich glücklich sind die Menschen, die Gottes Wort hören und danach leben" (Lukas 11,28; Hfa).

Hier kommt etwas Neues dazu: Jesus fügt all den wertvollen Erkenntnissen der modernen Glücksforschung noch einen wichtigen Aspekt hinzu: „Wer Gottes Wort hört und entsprechend handelt, wird ein glücklicher Mensch sein." Deshalb spricht Jesus die große, personengebundene Einladung zum Glücklichsein aus: „Kommt alle her zu mir, die ihr euch abmüht und unter eurer Last leidet! Ich werde euch Frieden geben. Nehmt meine Herrschaft an und lebt darin! Lernt von mir! Ich komme nicht mit Gewalt und Überheblichkeit. Bei mir findet ihr, was eurem Leben Sinn und Ruhe gibt" (Matthäus 11,28–29; Hfa).

„Kommt zu mir, ihr Glücksuchenden", meint Jesus, „die ihr euch abmüht wie Hans im Glück und noch immer zu viel herumschleppt. Kommt zu mir, die ihr wisst, dass ihr noch nicht das gefunden habt, was ihr sucht." Schon damals wollten die Menschen wissen, wie man glücklich wird, und sie versammelten sich zu Tausenden, um der berühmten „Bergpredigt" zuzuhören. Jesus begann darin mit den sogenannten Seligpreisungen („selig" kann man auch mit „glücklich" übersetzen):

„Als Jesus die Menschenmenge sah, stieg er auf einen Berg. Nachdem er sich gesetzt hatte, traten seine Jünger zu ihm. Da redete er zu ihnen und begann, sie zu unterweisen:

‚Glücklich sind, die erkennen, wie arm sie vor Gott sind, denn Gottes Herrschaft und Herrlichkeit gehört ihnen.
Glücklich sind die Traurigen, denn Gott wird sie trösten.
Glücklich sind, die auf Gewalt verzichten, denn sie werden die ganze Erde besitzen.
Glücklich sind, die sich nach Gottes Gerechtigkeit sehnen, denn Gott wird ihre Sehnsucht stillen.
Glücklich sind die Barmherzigen, denn Gott wird auch mit ihnen barmherzig sein.
Glücklich sind, die ein reines Herz haben, denn sie werden Gott sehen.
Glücklich sind, die Frieden stiften, denn Gott wird sie seine Kinder nennen.
Glücklich sind, die deshalb verfolgt werden, weil sie Gottes Willen tun. Sie werden mit Gott in seinem Reich leben‘“ (Matthäus 5,1–10; Hfa).

Jesus hat eine Glücksbotschaft. Er weiß, wie man wahres Glück findet. Allerdings werden wir dieses Glück nur finden, wenn wir fast alle unsere Auffassungen, Instinkte und Reaktionen komplett auf den Kopf stellen. Jesus will etwas Verrücktes. Er krempelt die gängigen Vorstellungen von Glück völlig um. Er sagt: „Glücklich sind diejenigen, die sich nicht selbst glücklich machen können, die sich nicht jeden Wunsch erfüllen. Glücklich sind, die arm sind vor Gott, denn dann macht Gott sie reich. Glücklich sind die Traurigen, denn Gott kann und will sie trösten.“

Jesus lädt zu einer paradoxen Glückssuche ein, die er an seine Person bindet: „Du willst glücklich werden? Du willst etwas tun, das Sinn hat und dir Erfüllung schenkt? Dann komm zu mir, hör auf, dem Glück nachzujagen; hör auf, dich um dich selbst zu drehen. Unterstelle dich meiner Herrschaft, tu, was ich sage – und du wirst den Sinn des Lebens finden und glücklich werden.“

In Bezug auf sich selbst scheint der moderne Mensch noch ganz im antiken Weltbild des Ptolemäus zu leben, der behauptete, dass die Sonne sich um die Erde drehe. Er begründete dies mit der Beobachtung der Schwerkraft, weil alle Materie der Erde zuzustreben schien und die Planeten durch die Anziehungskraft auf ihrer Bahn um die Erde festhielt.

Dieses Weltbild wurde erst durch den Universalgelehrten Galileo Galilei infrage gestellt. Mit dem Fernrohr konnte dieser die Planetenbahnen beobachten und – wie Kopernikus – erkennen, dass nicht die Sonne sich um die Erde, sondern die Erde sich um sich selbst und um die Sonne dreht.

Genauso verzweifelt wie die kirchliche Inquisition, die am alten Weltbild festhielt und jedem mit grässlichen Strafen drohte, der die alte Ordnung infrage stellte, so klammert sich der Mensch im Haus der Fremde an die Überzeugung, dass man glücklich wird, wenn man möglichst viel besitzt und genießt.

Das moderne ptolemäische Denken ruft mit dem verlorenen Sohn im Chor: „Die Sonne muss sich um mich drehen, nur dann kann ich glücklich sein!"

Man kann sich gut vorstellen, wie groß der Schock war, den damals das neue heliozentrische Weltbild auslöste (die Erde dreht sich um die Sonne). Ähnlich ist es mit den Voraussetzungen für das Glück, die Jesus anbietet. Dieses Glück erlebt nur der, der sich nicht mehr für den Mittelpunkt des Universums hält. Jesus sagt: „Indem du das Glück des Anderen willst, wirst du selbst glücklich; indem du nicht mehr Mittelpunkt der Welt sein musst, wirst du ein Mensch, der in der Welt anderen eine Mitte schafft."

„Mein Haus, mein Auto, mein Boot ..."

Die meisten Glücksverheißungen finden wir heute in der Werbung: Waschmittel versprechen nicht nur saubere, sondern sogar reine Wäsche wie Priester die Sündenvergebung. Wenn Kinder das gelbe M auf rotem Grund erblicken, klingt der Ruf nach „McDonald's!" wie: „Die Erlösung ist nah!" Immer wieder verheißt uns die Werbung, dass wir glücklich sein werden, wenn wir ein schickes Auto besitzen und wieder einmal zwei Wochen in den Süden fahren.

Wer aber ist glücklicher: derjenige, der zwei Wochen am Strand gelegen hat, oder jemand, der seinen Urlaub dafür eingesetzt hat, gemeinsam mit 20 anderen Personen ein Haus für eine obdachlose Familie zu bauen?

Wer wird glücklicher sein: derjenige, der sich ein neues Auto, ein neues Boot, ein neues Motorrad gekauft hat oder jemand, der dieses Geld gespendet hat, damit in einem vom Bürgerkrieg zerstörten Land eine kleine Schule gebaut werden kann?

Dazu Theologieprofessor Rudolph Bohren: „Als frohe Botschaft ist das Evangelium insofern eine Glücksbotschaft, als es nichts anderes will als das wahre Glück des Menschen. Indem das Evangelium [...] das wahre Glück der Menschheit zum Ziel hat, bringt es die menschlichen Glücksvorstellungen und das menschliche Glücksverlangen in eine Krise.“[17]

Jesus sagte in seiner Predigt auf dem Berg: „Geben ist seliger als nehmen.“ Man könnte dies aber auch übersetzen mit: „Geben macht glücklicher als nehmen.“ Glück ist sozusagen ein Ergebnis, eine „Frucht“ meines Handelns. Wenn ich Gott diene und – wenn es gut geht – auch andere dabei glücklich mache, werde ich selbst glücklich.

Franz von Assisi war der Sohn reicher Eltern, der das Geld seines Vaters ausgab, nicht arbeiten wollte und lieber mit seinen Freunden um die Häuser zog. Irgendwann hörte Franz eine Predigt über eine Begebenheit im Leben Jesu, bei der ein reicher junger Mann diesen fragte: „Wie bekomme ich das ewige Leben?“ Franz hörte aus dieser Frage auch die tiefere Bedeutung heraus: „Wie werde ich wirklich glücklich?“ Denn sein Reichtum hatte ihn nicht glücklich gemacht.

Jesus spürte die Ernsthaftigkeit der Frage des jungen Mannes ebenfalls und antwortete: „Verkaufe alles, was du hast, und folge mir nach“ (nach Markus 10,21).

Die Legende besagt, dass es, nachdem Franz diese Predigt gehört hatte, ein langes Gespräch zwischen ihm und seinem Vater gab, der gern wollte, dass sein Sohn in das Tuchhändlergeschäft der Familie eintrat. Franz soll gesagt haben: „Ich brauche nichts mehr von dir. Was ich noch von dir habe, gebe ich zurück." Er zog sich komplett aus, ging nackt seines Weges und begann, als einfacher Mönch Jesus nachzufolgen. Zuerst kümmerte er sich um verfallene Kirchen und reinigte sie. Ab und zu predigte er auch. Dann kamen immer mehr Menschen, die so leben wollten wie er. Leben zieht Leben an.

Franz war ein Nachfolger Jesu, der nichts besaß und doch alles hatte; der freiwillig arm war und doch viele reich machte. Er war ein glücklicher Mensch, denn er war zu Jesus gekommen, hatte sich dessen Herrschaft anvertraut, diese völlig paradoxe Lebensweise eingeübt und darin Sinn und Glück gefunden.

Franz von Assisi schrieb ein Gebet, das jeder beten kann, der auf dem Weg Jesu glücklich werden will. In diesem Gebet wird nicht um Reichtum, Gesundheit, Ansehen, Frieden oder eine glückliche Zukunft gebeten, sondern es fasst das gesamte Paradoxon des Glücks in Worte: nicht bitten, nicht fordern, nicht nehmen, sondern geben.

„Herr,
Mache mich zum Werkzeug deines Friedens:
Dass ich Liebe bringe, wo man sich hasst,
Dass ich Versöhnung bringe, wo man sich kränkt,
Dass ich Einigkeit bringe, wo Zwietracht ist,
Dass ich den Glauben bringe, wo Zweifel quält,
Dass ich die Hoffnung bringe, wo Verzweiflung droht,
Dass ich die Freude bringe, wo Traurigkeit ist,
Dass ich das Licht bringe, wo Finsternis waltet.
O Meister,
Hilf mir, dass ich nicht danach verlange,
Getröstet zu werden, sondern zu trösten,
Verstanden zu werden, sondern zu verstehen,
Geliebt zu werden, sondern zu lieben.
Denn:
Wer gibt, der empfängt,
Wer verzeiht, dem wird verziehen,
Wer stirbt, der wird zum ewigen Leben geboren."

Im Gleichnis vom verlorenen Sohn geht dem jüngeren Sohn irgendwann das Geld und damit das gekaufte Glück aus. Eine Rezession, eine Art Börsencrash, erfasst das Land. Er verliert alles und muss jeden Job annehmen, den er finden kann.

Das Haus der Fremde bietet uns nicht nur Party ohne Ende, es kann auch sehr hart sein. So wie überall auf der Welt viele Menschen tagtäglich um das bloße Leben und Überleben ringen. Für den jüngeren Sohn ist die Party irgendwann vorbei. Das Geld ist alle. Die Freunde sind weg. Er ist allein. Um zu überleben, nimmt er den einzigen Job an, den man ihm anbietet: Er verlässt das Haus der Fremde und landet im Haus der Schweine.

Einige Gedanken zu „Das Haus der Fremde“

- Welche Gefühle löst es in Ihnen aus, wenn Jesus behauptet, dass der Vater im Himmel Ihnen die Freiheit gibt, Ihr Leben mit oder ohne ihn zu gestalten?
- Welche Gefühle löst es in Ihnen aus, dass Gott den Menschen eine „ewige Wohnung im Haus des Vaters“ verspricht? Warum scheint der Mensch sich so oft mit der „metaphysischen Obdachlosigkeit“ zu begnügen?
- Was könnte der Grund dafür sein, dass Ihnen der christliche Glaube viel oder wenig bedeutet?
- Bono Vox singt davon, dass er das, was er wirklich sucht, noch nicht gefunden hat. Wie würde der Refrain des Liedes lauten, das Sie singen würden?
- Auf welche Weise versuchen Sie, glücklich zu werden? Was hat Sie bislang nicht glücklich gemacht? Reizt es Sie, den scheinbar widersprüchlichen Weg Jesu zum Glücklichsein auszuprobieren?

Kapitel 2

Das Haus der Schweine

„Zu allem Unglück brach in dieser Zeit eine große Hungersnot aus. Es ging ihm sehr schlecht. In seiner Verzweiflung bettelte er so lange bei einem Bauern, bis der ihn zum Schweinehüten auf die Felder schickte. Oft quälte ihn der Hunger so, dass er froh gewesen wäre, etwas vom Schweinefutter zu bekommen. Aber selbst davon erhielt er nichts. Da kam er zur Besinnung: ‚Bei meinem Vater hat jeder Arbeiter mehr als genug zu essen, und ich sterbe hier vor Hunger'" (Lukas 15,14–17; Hfa).

Bildinterpretation „Das Haus der Schweine"

Um nach dem persönlichen Supergau sein Überleben zu sichern, zieht der jüngere Sohn in das „Haus der Schweine". Das Bild wirkt finster und chaotisch wie die Welt am Anfang der Schöpfung. Das im Haus der Fremde erfahrene Leid fällt wie dunkle Tränen ins Bild. Die Vergangenheit fesselt und bindet den Sohn auch am nächsten Aufenthaltsort. Kein Fenster schenkt in dieser apokalyptischen Situation Hoffnung. Hier ist der Mensch ganz auf sich allein gestellt. Jede Form von Schönheit scheint aus diesem Ort verbannt. Die Entwürdigung drückt jedem, der hier zu überleben versucht, ihren Stempel auf.

Verlierer

Meine Frau ist Sozialarbeiterin und hat früher in einer Tagesstätte für alleinstehende Wohnsitzlose in Hamburg gearbeitet. Im Winter 1986 war es für deutsche Verhältnisse unglaublich lange kalt. Wochenlang zeigte das Thermometer Temperaturen zwischen 10 und 20 Grad minus an. Eines Abends holte ich meine Frau gegen 23 Uhr von der Arbeit ab. Das Haus schloss gerade, und einige dick vermummte Gestalten, die zwei bis drei Mäntel übereinander trugen, schlurften langsam in die Winternacht hinaus. Sie gingen zu ihren Schlafplätzen – zu Warmluftschächten, in Parkhäuser oder in Nachtasyle, oder sie liefen die ganze Nacht hindurch einsam durch die kalte Stadt. Sie gehörten zu den Verlierern unserer Gesellschaft.

Damals begriff ich, dass sich der Mensch an fast alles gewöhnen kann, dass er sich in einer Extremsituation immer weiter gehen lässt, sich immer mehr aufgibt und seine Würde (fast) völlig verlieren kann.

Als er ganz unten ist, landet der jüngere Sohn im Haus der Schweine. Das Haus der Schweine trägt auch viele andere Bezeichnungen, denn unterschiedliche Menschen wohnen darin und geben ihm ganz nach ihrem Empfinden unterschiedliche Namen. Das Haus der Schweine ist auch das Haus der Selbstaufgabe, das Haus der Einsamkeit, das Haus der Hoffnungslosigkeit, das Haus der Pornografie, das Haus des Missbrauchs, das Haus des Hungers, das Haus der Angst, das Haus der Lüge, das Haus des Geizes, das Haus der Freudlosigkeit oder das Haus der Langweile. Das Haus der Schweine ist der Ort, auf den der Mensch nicht vorbereitet ist. Deshalb überwältigt und betäubt ihn dieser Ort und hält ihn in einer Art Starre fest, bis er sich an den Gestank gewöhnt hat und darin sesshaft wird.

Schweine gelten in der jüdischen Religion als kultisch unrein und das wurde dem jüngeren Sohn zweifellos schon von Kindheit an vermittelt. Kein Jude würde Schweinefleisch essen oder mit Menschen Kontakt haben, die Schweine züchten. Das taten nur die Heiden, die Gojim, die Nichtjuden.

Dass der jüngere Sohn bereit ist, Schweine zu hüten und mit ihnen zusammenzuleben, zeigt, dass er am absoluten Tiefpunkt angelangt ist. Er hat sich selbst, seinen Stolz, seine Überzeugungen und seine Würde im Laufe seines sozialen Abstiegs aufgegeben. Er würde sich sogar mit dem zufriedengeben, was die Schweine fressen, aber nicht einmal das gibt man ihm.

Für ein bisschen Essen würde der jüngere Sohn alles tun. Für ein bisschen Zuwendung vonseiten eines brutalen Mannes arrangieren sich Frauen mit den unwürdigsten Zuständen. Für ein bisschen Anerkennung vonseiten einer kühlen, distanzierten Frau geben manche Männer sich selbst auf. Für ein bisschen mehr Geld vom Chef arbeiten viele Menschen rund um die Uhr.

Früher hat der jüngere Sohn gedacht, dass der Vater ihn kurzhält. Deshalb wollte er auch nicht mehr auf die Stimme des Vaters hören. Als er aber auf die Stimme des Verführers hört, kommt er wirklich zu kurz und wird erniedrigt, bis er auf einer Stufe mit den Schweinen steht – ganz unten. Als der Sohn nicht mehr unter der Autorität des Vaters sein will, gerät er unter die Herrschaft der Schweinebauern.

Menschen können sich tatsächlich daran gewöhnen, auf einem sehr niedrigen Niveau zu leben. Eines Tages kam eine Frau zu mir und berichtete davon, wie ihr Mann sie behandelte. Sie erzählte von täglichen Bedrohungen, von Angst, von Erpressung, von der Verstörtheit der Kinder. Sie selbst war seelisch und körperlich deutlich gezeichnet. Die Ehe der Frau hatte sich in ein Haus der Schweine verwandelt, und das, was sie eigentlich wollte, nämlich Liebe und Achtung und Wertschätzung, bekam sie nicht. Im Haus der Schweine gelten die Bedürfnisse eines Menschen wenig bis gar nichts. Doch irgendwann gewöhnt man sich daran, dass man würdelos behandelt wird, und verliert zum Schluss die Achtung vor sich selbst.

Ich habe schon viel zu viele Geschichten wie diese gehört. Geschichten von jahrelangem Mobbing. Geschichten über sexuellen Missbrauch. Geschichten, in denen Menschen durch Druck und Manipulation verbogen wurden und sich schließlich aufgaben. Geschichten von Menschen, deren Leidensbereitschaft unbeschreiblich ist.

Auf meine Frage, warum sie denn jetzt erst darüber reden und nicht schon früher Hilfe gesucht haben, bekomme ich immer wieder die gleiche Antwort: „Ich habe gehofft, dass sich die Situation mit der Zeit ändern würde."

Leider wird von alleine meist gar nichts besser. Unglaublich viele Menschen sitzen in den Wartezimmern des Lebens und hoffen, dass irgendwie, irgendwann ein Wunder passiert. Warum scheint es vielen von uns so schwerzufallen, umzukehren, aus diesem Teufelskreis auszusteigen und noch einmal neu anzufangen?

Das ist darauf zurückzuführen, dass der Mensch viele Widersprüche in sich trägt.

Dr. Jekyll und Mr. Hyde

Die Erzählung „Der seltsame Fall des Dr. Jekyll und Mr. Hyde" war der literarische Durchbruch des Engländers Robert Louis Stevenson, besser bekannt als der Verfasser des Klassikers „Die Schatzinsel". Das Buch „Dr. Jekyll und Mr. Hyde" wurde mehrfach verfilmt und wird darüber hinaus derzeit auch als Musical auf den Bühnen der Welt aufgeführt. Hier die Geschichte in Kurzform:

Der junge Arzt Dr. Henry Jekyll schwört 1885 am Bett seines todkranken Vaters, eine Medizin zu finden, die den Vater von Wahnsinn und geistiger Umnachtung zu befreien vermag. Seine These: „Es muss doch möglich sein, das Gute und das Böse im Menschen zu trennen und die Menschheit dadurch von allen Übeln zu erlösen."

Er findet das Elixier JH7. Das Londoner Hospital lehnt aber Menschenversuche ab, deshalb erprobt er das Mittel an sich selbst.

Die Erlösung soll aus der Chemie kommen. Alles scheint machbar. Doch dann geschieht das Unerwartete: Henry Jekyll verwandelt sich in seinen unberechenbaren Gegenspieler Edward Hyde, der nur seiner zerstörerischen Lust, seinen egomanischen Impulsen folgt. Er nimmt sich, was er will, quält, vergewaltigt, tötet. Die dunklen Mächte in ihm sind freigesetzt.

Was macht diese Geschichte so zeitlos? Jekylls Kampf ist der eines jeden Menschen, in dem gute und böse Anteile um die Oberherrschaft ringen. Doch niemand soll sein unmoralisches Verhalten aufdecken können. Jekyll hat die Lösung dafür gefunden: Er verwandelt sich in Hyde, den gemeinen Schurken, der Huren besucht, trinkt und Menschen totschlägt, wie es ihm gefällt. Leider muss Dr. Jekyll bald feststellen, dass die Wirkung seines Trankes sich verselbstständigt hat. Hyde kommt auch ohne die Einnahme des Mittels über ihn! Und er will nicht wieder gehen. Das Experiment gerät außer Kontrolle. Er mordet blindwütig und versetzt ganz London in Angst und Schrecken.

Das Musical vermittelt auf erschütternde Weise das Ringen des modernen Menschen mit dem Leid. Jekyll will sich nicht von irgendeinem Gott trösten lassen; die Vertreter der Religion kommen in dem Musical als verkommene und verlogene Fratzen daher. Aber in einer Schlüsselszene schreit der Mensch, der Gott spielen wollte, verzweifelt: „Gott, erlöse uns!"

Ein zwischen Gut und Böse hin- und hergerissener Mensch schreit nach Erlösung von seiner inneren Zerrissenheit: „Wer erlöst mich von mir selbst?" Auch der jüngere Sohn entdeckt, dass er weder die äußeren Umstände kontrollieren kann noch sein widersprüchliches Handeln im Griff hat. Er wollte Freiheit finden und entdeckte seine Grenzen, seine Abgründe, sein Verlorensein.

Schon in der Bibel wird uns von der Zerrissenheit des Menschen berichtet, der gleichzeitig gut und schlecht ist. Der Apostel Paulus schreibt:

„Ich weiß wohl, dass der Mensch von Natur aus nicht gut ist. Deshalb werde ich niemals das Gute tun können, so sehr ich mich auch darum bemühe. Ich will zwar immer wieder Gutes tun und tue doch das Schlechte; ich verabscheue das Böse, aber ich tue es dennoch. [...] *Ich mache immer wieder dieselbe Erfahrung: Das Gute will ich tun, aber ich tue das Böse"* (Römer 7,18–19.21; Hfa).

Der österreichische Schriftsteller Gerhard Roth hat sich anlässlich der Verleihung des Ehrenpreises des Österreichischen Buchhandels darüber geäußert, was er den Büchern anderer Autoren verdankt:

„Vor allem lernte ich aus den Büchern, dass ich mit meinen Fehlern, Lüsten, Süchten, Wünschen nicht allein war; was mich von Selbstvorwürfen und schweren Gedanken befreite, ja, dass es im Gegenteil gerade diese Fehler, Lüste, Süchte und Wünsche waren, die mich mit den anderen Menschen verbanden. Ich zog daraus den Schluss, dass die Menschen zumindest so ‚schlecht' sind wie ich selbst.
Und ich erkannte, dass meine Gegner und Quälgeister zumeist nicht DIE waren, die WUSSTEN, WER SIE WAREN, oder es zumindest AHNTEN, oder die, die sich bemühten, ihrer Lächerlichkeit und Erbarmungswürdigkeit ins Auge zu blicken, nicht die Gescheiterten, die schuldig waren und es Tag für Tag zu spüren bekamen, sondern jene glatten Dr. Jekylls, die sich gegen die Selbsterkenntnis sperrten und sie verdrängten, indem sie vom dunkeltriebigen Mr. Hyde in sich ablenkten und auf die anderen zeigten, die einem ungeschriebenen Naturgesetz nach offenbar immer die Schwächeren, die Minderheit, die Außenseiter sein müssen.“[18]

Gerhard Roth beschreibt den Menschen mit anderen Worten, aber mit der gleichen Schärfe wie Paulus. Er erkennt hinter der glatten, freundlichen Oberfläche des Menschen den getriebenen Dr. Jekyll.

Doppelleben

Warum ist das so? Die Bibel gibt uns darauf auch eine Antwort. Paulus schreibt:

„Ich wünsche mir nichts sehnlicher, als Gottes Gesetz zu erfüllen. Dennoch handle ich nach einem anderen Gesetz, das

in mir wohnt. Dieser Widerspruch zwischen meiner richtigen Einsicht und meinem falschen Handeln beweist, dass ich ein Gefangener der Sünde bin. Ich stelle also fest: Innerlich stimme ich zwar dem Gesetz Gottes zu, aber in meinen Taten folge ich dem Gesetz der Sünde. Ich unglückseliger Mensch! Wer wird mich jemals aus dieser Gefangenschaft befreien?" (Römer 7,22–25a; Hfa).

In diesem Text geht es um die Gefangenheit des Menschen, der von einer starken Macht gefesselt ist, die „Sünde" genannt wird. Wenn heutzutage jemand sagt: „Ich habe gesündigt", dann meint er damit meist, das er zu viel Torte gegessen hat. Die wirkliche Sünde aber ist eine eigenständig im Menschen wirkende Macht. Sie steckt seit der Vertreibung aus dem Paradies in jedem Menschen. Sie ist unser dunkler Begleiter. Sie treibt uns an, das zu tun, was wir nicht tun wollen. Sünde bedeutet Ausgeliefertsein an eine fremde Macht. Alle Menschen, so macht die Bibel deutlich, sind Gefangene eines Diktators, der nicht mit Waffengewalt besiegt werden kann. Man kann ihn auch mit Therapien nur ansatzweise in Schach halten. Diese Macht setzt sich immer wieder durch. Die Sünde zeigt ihr verzerrtes Gesicht oft gerade dann, wenn man glaubt, alles im Griff zu haben. Sie treibt uns dazu, unsere Ehe, unsere Gesundheit, unsere Freundschaften aufs Spiel zu setzen.

Als Paulus diese Worte über die Macht der Sünde schrieb, saß er wegen seines Glaubens im Gefängnis und wurde zumindest zeitweilig von einem Soldaten persönlich bewacht.

Im Altertum hatte man eine grausame Methode entwickelt, um einen Gefangenen nach einer Schlacht an der Flucht zu hindern: Man band ihm einen Toten auf den Rücken. Diese Leiche auf seinem Rücken raubte dem lebenden Gefangenen jede Hoffnung auf Flucht. Er würde nicht weit kommen.

Es hat ganz den Anschein, als ginge es fast jedem Menschen, der sich darum bemüht, sich grundlegend zu ändern, ähnlich: Ich will alles anders machen, aber ich schaffe es nicht. Ich fasse Vorsätze, aber ich kann sie nicht einhalten. Ich gebe Versprechen, aber ich breche sie. Ich will liebevoll sein, aber ich bin es oft nicht. Ich will nicht mehr wütend werden, aber ich raste wieder aus. Ich will treu sein, aber ich bin zu schwach. Ich will nicht trinken, aber dann greife ich doch zur Flasche. Ich will nicht ständig vor der Glotze sitzen, aber kaum bin ich zu Hause, muss ich die Kiste einschalten. Ich will *clean* leben, aber es zieht mich immer wieder zu den Drogen zurück.

„Wer wird mich erlösen von diesem Leib des Todes, von der Macht der Sünde, an die ich gebunden bin? Wer wird mich erlösen?“, schreit Paulus stellvertretend für alle Menschen, die Befreiung suchen. „Wer hilft mir? An wen kann ich mich wenden? Wer schnallt mir den Toten vom Rücken, damit ich leben kann?“

In der Erzählung von Dr. Jekyll und Mr. Hyde sieht der feine, ehrbare Dr. Jekyll, der als Mr. Hyde gemordet hat, nur einen Ausweg: den Suizid, die Selbsttötung. Niemand, der sich das Leben nimmt, tut dies einfach so. Dr. Jekyll sieht keinen Ausweg aus seiner inneren Zerrissenheit. Er hat einen Toten auf dem Rücken, von dem er nicht loskommt. Der Selbstmord scheint die einzige (Er-)Lösung zu sein.

Menschen, die keine Hoffnung mehr haben, weil sie erkannt haben, dass sich auch in ihnen ein Dr. Jekyll und ein Mr. Hyde verbirgt, spielen irgendwann mit dem Gedanken an Suizid. Sie schreien leise: „Wer wird mich von mir selbst erlösen?“

Der Apostel Paulus ruft seine Antwort hinaus: „Gott sei Dank! Durch unseren Herrn Jesus Christus sind wir bereits befreit“ (Römer 7,25; Hfa). Die ersehnte Befreiung von der Macht der Sünde, sagt Paulus, hat schon stattgefunden, und das hängt mit der Person Jesu zusammen.

Aus dem Neuen Testament geht hervor, dass Jesus als einziger Mensch vollkommen ohne Sünde war. Er war der einzige Mensch, der keine Erlösung von seiner eigenen Zerrissenheit brauchte. Er war der Einzige, der nicht schrie: „Wer wird mich erlösen?“ Er war der Mensch, der wir gerne wären. Nicht vom eigenen Schatten geplagt, nicht ins Dunkel getrieben von der Macht der Sünde.

Jesus, der Sohn Gottes, der Unsterbliche und Ewige, entschied sich aus einem einzigen Grund dazu, den Himmel zu verlassen: Er wollte uns ins Haus des Vaters bringen, in ein Haus, das viele Wohnungen hat. Im Haus des Vaters geschieht Befreiung und Wiederherstellung. Im Haus des Vaters werde ich den Kerl auf meinem Rücken los. Im Haus des Vaters gibt es ein Medikament, das Heilung verspricht. Dieses Medikament hängt mit der Person Jesu Christi zusammen. Aber davon später mehr.

„The show must go on ..."

Der jüngere Bruder feiert eine wilde Party, bis das Geld verprasst und der Dispo weit überzogen ist. Ich habe viele Menschen getroffen, die ein sehr selbstzentriertes Leben geführt haben. Irgendwann wurde dann aber auch ihnen „gekündigt": vom Partner, von den Freunden, vom Arbeitgeber, vom eigenen Körper, von der Psyche. Warum hat der jüngere Bruder nicht rechzeitig aufgehört oder sich eine eiserne Reserve für schlechte Zeiten zurückgelegt?

Freddie Mercury, der schillernde und geniale Sänger der legendären Gruppe „Queen", gab in einem seiner letzten Lieder die zeitlose Antwort: „The show must go on!" – „Die Show muss weitergehen". Er war ein einzigartiger, charismatischer Entertainer, der ganze Stadien in seinen Bann ziehen konnte, aber sein Leben glich einer Kerze, die an zwei Enden gleichzeitig angezündet ist. Er lebte exzessiv, nahm alles im Übermaß mit und wollte so herausfinden, wer er war. Mercury versuchte es mit weiblichen und männlichen Identitäten und lebte vor allem für sich selbst. Am 24. November 1991 starb er an den Folgen einer Infektion mit dem HI-Virus, besser bekannt als AIDS.

Als er das Lied „The show must go on" schrieb, wusste er bereits, dass das tödliche Virus sein Zerstörungswerk in ihm begonnen hatte.

„Empty spaces – what are we living for?
Abandoned places – I guess we know the score.

On and on, does anybody know what we are looking for …
The Show must go on.
Inside my heart is breaking.
My Makeup may be flaking,
But my smile still stays on.
Whatever happens, I'll leave it all to chance.
Another heartache, another failed romance.
On and on, does anybody know what we are living for?"[19]

Wie würde man einen Menschen wie Freddie Mercury nennen, der schon zu Lebzeiten eine Legende war und Musikgeschichte schrieb, der sich jeden Luxus leisten konnte, der alles Sinnliche im Übermaß genossen hat, der ein genialer Künstler war – und der sich dennoch fragte: „Weiß eigentlich jemand, wozu wir leben?" Der sich im Dunkel seiner Seele danach sehnte, frei zu sein, doch dann einen Augenblick später die Regungen seines Herzens überschrie: „Die Show muss weitergehen. Die Show muss weitergehen."

Freddie Mercury ist die Verkörperung eines bekannten Phänomens: Alle Menschen stoßen irgendwann in ihrem Leben an eine Grenze. Sie spüren genau, dass die Dinge falsch laufen, sie haben auch ansatzweise eine Ahnung, was sich ändern müsste – aber zu oft überschreien sie dann die leisen Hinweise ihres Gewissens und singen: „The show must go on!" Die Show meines Lebens muss weitergehen, auch wenn die Fassade abblättert, auch wenn ich anderen nur etwas vorspiele. Aber irgendwann ist jede Show zu Ende. Irgendwann fällt der Vorhang. Irgendwann wirst du abgeschminkt.

Der englische Schriftsteller Oscar Wilde erzählt in seinem genialen Buch „Das Bildnis des Dorian Gray" die Geschichte eines schönen, reichen jungen Engländers im 19. Jahrhundert. Der Held des Buches, Dorian Gray, ist sich zunächst seines extrem guten Aussehens gar nicht bewusst. Erst als er ein Porträt von sich sieht, wünscht er sich, dass seine Schönheit und Jugend für immer erhalten bleiben sollen. Er bittet (wen auch immer), dass an seiner Stelle nur das Bild altern solle. Und sein Wunsch geht in Erfüllung. Er übernimmt dann die

Lebensphilosophie seines zynischen Mentors, Lord Henry, der ihn lehrt, wie man seiner Meinung nach mit den Versuchungen des Lebens umgehen soll:

„Wir büßen für unsere Entsagungen. Jeder Trieb, den wir zu unterdrücken suchen, schwelt im Innern weiter und vergiftet uns. Der Körper sündigt nur einmal und ist dann mit der Sünde fertig, denn Tat ist immer Reinigung. Nichts bleibt dann zurück als die Erinnerung an eine Lust oder die Wollust der Reue. Die einzige Art, eine Versuchung zu bestehen, ist, ihr nachzugeben.“[20]

Dorian Gray lebt also all seine Wünsche aus, gibt jeder Versuchung nach, verführt und berührt, was er begehrt, betrügt und mordet, ohne dass man seinem Äußeren irgendetwas ansieht. Nur sein gemaltes Porträt wird immer älter und hässlicher und gemeiner; es trägt die bösen Spuren seiner Seele. Irgendwann erträgt er die hässliche Fratze auf dem Bild nicht mehr, die sein tatsächliches Leben gezeichnet hat. Er zerstört das Bild, und weil seine Seele darin gefangen ist, stirbt er selbst ebenfalls.

Vermutlich tragen fast alle Menschen in der Öffentlichkeit ihr „gemaltes“, ihr Ausgeh-Gesicht und verbergen das manchmal „gezeichnete“ wirkliche Ich im Keller. Irgendwann aber erkennen wir: Jede Art von Leben hinterlässt Spuren auf unserem Gesicht und auf unserer Seele. Was wir tun, zeichnet uns – wir werden das, was wir wirklich sind.

Jesus hat in der Bibel immer wieder Gleichnisse erzählt. Eines davon berichtet darüber, was passiert, wenn die Show des Lebens zu Ende ist: „Wer meine Worte hört und danach handelt, der ist klug. Man kann ihn mit einem Mann vergleichen, der sein Haus auf felsigen Grund baut. Wenn ein Wolkenbruch niedergeht, das Hochwasser steigt und der Sturm am Haus rüttelt, wird es trotzdem nicht einstürzen, weil es auf Felsengrund gebaut ist. Wer sich meine Worte nur anhört, aber nicht danach lebt, der ist so unvernünftig [dumm] wie einer, der sein Haus auf Sand baut. Denn wenn ein Wolkenbruch kommt, die Flut das Land überschwemmt und der Sturm um das Haus tobt, wird es mit großem Krachen einstürzen" (Matthäus 7,24–28; Hfa; Hinzufügung des Autors).

Erschütterungen

Es ist schon ein paar Jahre her; ich war damals Pastor am Niederrhein. Ich wurde mitten in der Nacht wach und spürte eine unerklärliche Angst. Da merkte ich, dass unser Bett wackelte und meine Frau und ich durchgeschüttelt wurden. Obwohl ich noch nie so etwas erlebt hatte, wusste ich sofort: Dies muss ein Erdbeben sein. Gott sei Dank war es nur ein leichtes Beben der Stärke 2 auf der Richterskala.

Trotzdem war ich sehr froh, dass unser Haus gute Fundamente hatte und von erfahrenen Bauhandwerkern errichtet worden war. Gute Handwerker und Architekten würden niemals so dumm sein wie der unvernünftige Mann in unserem Gleichnis. Sie würden nicht auf Sand bauen. Sie würden den Untergrund prüfen und, wenn es sein muss, Fundamente gießen, die zehn Meter tief in die Erde reichen, damit das Haus stabil steht und erdbebensicher wird.

Doch ob das Fundament wirklich stabil ist, ob es gut gebaut ist, ob die Handwerker geschlampt haben oder der Statiker sich verrechnet hat – das erfahren wir erst dann, wenn es durch Stürme, Fluten oder Erdbeben getestet wird.

Und das Gleiche gilt auch für unser Leben. In allen Bereichen unseres Lebens zeigt sich erst unter Belastung, ob wir gute Fundamente gelegt haben: Ob wir die Grundlagen unserer Beziehungen tief genug gelegt haben, merken wir erst, wenn die ersten Krisen auftreten. Ob wir in der Kindererziehung entscheidende Fehler begangen haben, merken wir erst, wenn es kaum noch zu korrigieren ist.

Wir Deutschen würden wohl niemals auf Sand bauen, und dann gibt es ja auch noch die strengen Bauvorschriften, die größere Mängel verhindern sollen. Die Deutschen sind scheinbar kluge Leute und nicht so unvernünftig wie der Mann in unserem Gleichnis, dessen Lebenshaus unter den Belastungen des Alltags einstürzte. Allerdings scheint es einen Bereich zu geben, in dem viele Deutsche nicht sehr klug sind und ausgesprochen unvernünftig handeln.

Obwohl wir wahrscheinlich alle in der Schule Religionsunterricht hatten, jederzeit die verschiedensten Gottesdienste besuchen können, vermutlich noch eine Bibel im Regal stehen haben und immer noch fast alle nominell zu einer christlichen Kirche gehören, fragen die wenigsten Menschen in Deutschland nach Gott. Einige gehen sogar sonntags in die Kirche. Sie hören sich alles an, was dort gesagt wird, aber es hat keine Auswirkungen auf ihr Leben. Sie sind nur Hörer und keine Täter. Solche Menschen nennt Jesus „unvernünftig, töricht und dumm", und er warnt sie davor, dass ihr Lebenshaus unerwartet zusammenbrechen wird.

In unserem Gleichnis spricht Jesus bildhaft von Wolkenbrüchen, Wassermassen und Stürmen. Diese Bilder werden im Alten Testament verwendet, um Gottes Gericht zu beschreiben. Der englische Literaturprofessor C. S. Lewis sagte einmal: „All die Texte, die uns am meisten in Schrecken versetzen, stammen aus dem Munde Jesu selbst."

Gerade in der Bergpredigt hat Jesus die Menschen in aller Schärfe vor dem Gericht Gottes gewarnt, denn er wusste: Wer seine Worte hört und dann nicht entsprechend handelt, dessen Lebenshaus wird irgendwann krachend einstürzen; spätestens dann, wenn er vor Gott steht.

Jesus ruft laut aus: „Nicht, wer mich dauernd ‚Herr' nennt, wird in Gottes Reich kommen, sondern wer den Willen meines Vaters im Himmel tut" (Matthäus 7,21; Hfa).

Warum wählt Jesus solche scharfen Worte? Weil er nicht will, dass wir eines Tages wie Trottel dastehen und mitansehen müssen, wie alles zusammenbricht, was wir uns aufgebaut haben. Alle Lebenshäuser, die ohne richtiges Fundament gebaut werden, sind permanent einsturzgefährdet. Und Gott ist sehr daran interessiert, dass wir nicht eines fernen Tages die Fehlentscheidungen unseres Lebens betrauern müssen.

„Liebe Angehörige, verehrte Trauergäste – Sie alle sind traurig, Sie alle haben jemanden verloren, den Sie geachtet oder geliebt haben, mit dem Sie gekämpft und an dem Sie gelitten haben, dessen Leben mit XY Jahren zu Ende gegangen ist. Trauer macht oft sprachlos, deshalb will ich versuchen, Ihre Trauer in Worte zu fassen."

So oder ähnlich wird ein Trauerredner beginnen, wenn er Ihre Traueransprache hält. Im Gleichnis Jesu gelangt der jüngere Sohn an einen Punkt, an dem er erkennt, dass sein Leben bedroht ist: „Da kam er zur Besinnung: ‚Bei meinem Vater hat jeder Arbeiter mehr als genug zu essen, und ich sterbe hier vor Hunger.'" Diese Erfahrung macht ihn hellwach. Er realisiert, dass er sterben könnte, und beginnt, über sein Leben nachzudenken.

Als Pastor habe ich Anteil am Leben von vielen Menschen. Ich erlebe Freud und Leid und begleite Menschen im Leben wie im Sterben, innerhalb und außerhalb meiner Kirchengemeinde. Wenn ich mit Hinterbliebenen ohne kirchlichen Hintergrund die Traueransprache vorbereite, bin ich immer wieder darüber schockiert, wie sehr der Tod tabuisiert wird und wie wenig man über das eigene Leben nachdenkt. Ja, es scheint sogar so zu sein, dass die überwiegende Mehrheit der Menschen durchs Leben geht, ohne sich auch nur ein einziges Mal die Sinnfrage gestellt zu haben und ohne zu begreifen, dass auch das eigene Leben endlich und unglaublich zerbrechlich ist.

Der Psalmist bilanziert mit ernüchternden Worten die Bedeutung des Menschen innerhalb der Weltgeschichte: „Der Mensch ist wie das Gras, er blüht wie eine Blume auf dem Feld. Wenn der heiße Wüstenwind darüberfegt, ist sie spurlos verschwunden, und niemand weiß, wo sie geblüht hat" (Psalm 103,15–16; Hfa).

Auch wenn wir es selten vor Augen haben: Die menschliche Existenz ist permanent durch Krankheiten, Unfälle, Gewalt, Krieg, Katastrophen und zuletzt vom natürlichen Tod bedroht. Während die Menschen in ärmeren Kulturen ständig mit dem Tod rechnen, haben die Menschen im Westen den Tod ausgeklammert. Viele Menschen leben in der Annahme, dass unsere hervorragende ärztliche Versorgung schon mit jeder Lebensbedrohung fertig werde.

Doch bereits im alttestamentlichen Buch Prediger wird dem Menschen in einem poetischen Gedicht ins Stammbuch geschrieben, dass seine Lebenszeit begrenzt ist:

„Jedes Ereignis, alles auf dieser Welt hat seine Zeit: Geborenwerden und Sterben, Pflanzen und Ausreißen, Töten und Heilen, Niederreißen und Aufbauen, Weinen und Lachen, Klagen und Tanzen, Steinewerfen und Steinesammeln, Umarmen und Loslassen, Suchen und Finden, Aufbewahren und Wegwerfen, Zerreißen und Zusammennähen, Reden und Schweigen" (Prediger 3,1; Hfa).

Irgendwann wird ein Trauerredner eine Rede halten, in der es um Sie oder um mich geht. Was wird er sagen? Welche Lebensgeschichte wird er erzählen? Wird dieser Tag nur von Trauer und Verzweiflung oder auch von Hoffnung bestimmt sein?

Die folgende Trauerrede, die ich tatsächlich einmal gehalten habe, reflektiert den frühen Tod eines begabten jungen Mannes.

Eine besondere Trauerrede

Liebe Familie, verehrte Trauergäste!

Wir alle sind traurig, betroffen, fassungslos und können nicht begreifen, dass Daniel nicht mehr am Leben ist, dass er nicht mehr fröhlich grinsend durch die Tür kommt, dass er seine Verlobte nicht mehr in den Arm nehmen kann, dass Bass und Schlagzeug schweigen.

Fragen tauchen auf, wenn ein junger, begabter Mensch stirbt, der doch eigentlich noch sein ganzes Leben vor sich hatte. Hätte der Gott, dem Daniel vertraute, nicht besser auf ihn achten können? Hätte der Gott, an den er, seine Eltern und viele seiner Freunde glaubten, ihre Gebete um Heilung nicht erhören können?

Die Frage, warum er sterben musste, und die Suche nach dem Sinn dieses Todes bleiben für uns letztlich ohne Ergebnis. Der Tod von Daniel scheint so sinnlos.

Der Tod fragt nicht, ob er erwünscht ist. Er beendet ein Leben brutal. Er fragt nicht, ob der Mensch alt oder jung, arm oder reich, gewappnet oder unvorbereitet war. Der Tod zeigt seine Macht, indem er ein Leben unwiderruflich beendet. Das ist es letztlich auch, was uns so bestürzt und traurig macht. Nämlich, dass dieser Abschied der letzte ist.

Und doch erhebt sich genau an dieser Stelle ein Einspruch. Der christliche Einspruch gegen die endgültige Macht des Todes ist die Hoffnung auf die Auferstehung der Toten. Mitten in die Trauer, mitten in den Schmerz hinein hört man den Ruf: „Der Tod hat nicht das letzte Wort." Denn Jesus sagt: „Wer an mich glaubt, wird leben, auch wenn er stirbt." Deshalb sind Christen inmitten der Trauer nicht ohne Hoffnung.

Daniel kam aus einem christlichen Elternhaus. Er wuchs mit christlichem Gedankengut auf. Nachdem er seinen Kinderglauben hinter sich gelassen hatte und unsere bunte Welt entdeckte, begann er vor einigen Jahren, sich selbst auf die Suche nach Gott zu machen.

Die Bibel sagt: „Der Herr schaut vom Himmel auf die Menschen. Er will sehen, ob es wenigstens einen gibt, der einsichtig ist und nach seinem Willen fragt" (Psalm 14,2; Hfa).

Daniel war einsichtig und fragte nach Gott. Dabei war er nicht leichtgläubig, sondern eher „schwergläubig" mit einem Hang zur Skepsis. Er gab sich nicht mit einfachen Antworten zufrieden; damit hat er es sich selbst und manchmal auch anderen nicht leicht gemacht. Erst in den letzten Jahren fand er einen Glauben, der nicht naiv oder anerzogen, sondern eigenständig und erwachsen war.

Daniel hatte noch viel vor. Er hätte gern noch seine Marion geheiratet. Er hätte gern seinen beruflichen Weg gemacht. Er hätte gern noch lange gute Musik gemacht. Er hätte gern noch viel Zeit mit seiner Familie und seinen Freunden gehabt. Er hätte gern noch gelebt.

Als ich erfuhr, dass Daniel einen bösartigen Tumor hat, habe ich ihn im Krankenhaus besucht. Bei diesem ersten Besuch haben wir beide vereinbart, bald gemeinsam eine Zigarre zu rauchen, eine sogenannte „Fat Lady“, wie in dem Film „Independence Day“. Wir wollten uns den Genuss nach der Zerstörung der Krebszellen in seinem Körper gönnen, so wie die Helden im Film die Zigarre nach dem Sieg über die Aliens rauchen. Krebs ist so etwas wie ein Alien, er ist eigentlich etwas Unmenschliches, etwas, das nicht zu uns gehört, das aber plötzlich auftaucht und dann von innen her seine aggressive Zerstörungskraft entfaltet.

Doch das Leben ist kein Hollywoodfilm und die Aliens in Daniels Körper waren stärker als er.

In der Zeit seiner Krankheit hatte Daniel Zweifel, die er mit seinen Freunden besprach. Besonders, wenn die Schmerzen sehr stark waren, fragte er sich, ob Gott ihn verlassen hatte. Immer wieder fühlte er den Frieden und die Gegenwart Gottes ganz nah, und dann wieder erschien ihm Gott so fern, dass er ihn nicht mehr spüren konnte. Er fragte wie wir nach dem Sinn seines Leidens. Er rebellierte gegen den Krebs und wollte auch manchmal nicht wahrhaben, wie krank er wirklich war.

Aber der Glaube an Jesus Christus, der in Daniel wohnte, der erwachsen gewordene Glaube, war bis zum Schluss stärker als der Krebs. Dieser Glaube war es, der die Welt und auch die Krankheit und den Tod überwand. Daniel starb versöhnt mit sich und Gott und umgeben von seiner Familie und seinen Freunden.

Als Daniel sich verabschiedete, sagte er: „Wir sehen uns im Himmel wieder!“

Daniel freute sich auf den Himmel. Er wollte, dass er möglichst viele seiner Freunde im Himmel wiedersieht. Daniel wollte über den Himmel reden und deshalb möchte ich mit euch heute über den Himmel reden.

Himmel – was verstehen wir darunter? In seiner profanen Bedeutung bezeichnet „Himmel“ einfach alles, was oberhalb der Erde ist. In seiner geistlichen Bedeutung ist es der Ort, an dem Gott wohnt und an dem sein Wille geschieht. Im Vaterunser wenden sich die Christen an einen Vater, der im Himmel wohnt. In diesem „Mustergebet“, das Jesus seinen Jüngern mitgab, sagte er ihnen, dass Gottes Wille auf dieser Welt geschehen möge, wie er schon jetzt im Himmel geschieht.

Dein Wille geschehe – wie im Himmel so auf der Erde.

Jesus ging davon aus, dass im Himmel der Wille Gottes ohne Verzögerung geschieht. Jesus ging aber auch davon aus, dass der Wille Gottes hier auf der Erde nicht automatisch geschieht. Unsere Welt, in der neben viel Gutem auch viel Leid und Unrecht geschehen, ist nicht der Ort, an dem Gottes Wille einfach so geschieht.

Die Bibel berichtet, dass der Mensch am Anfang der Geschichte wie Gott sein wollte. Er rebellierte und ging seinen eigenen, von Gott unabhängigen Weg. Gott ließ ihn gehen – und von da an lebte der Mensch jenseits von Eden, außerhalb des Paradieses. Er verlor den Himmel, wo der Wille Gottes geschieht.

In unserer westlichen Welt, die sich weitgehend von Gott losgesagt hat, geschieht nun unser Wille. Die Folgen sehen wir täglich in den Nachrichten: Tod, Terror, Krankheit und Tränen. Dass die Erde kein Paradies ist, hat zuerst einmal mit uns Menschen zu tun. Wir wollen autonom sein und haben uns gegen den Himmel entschieden, direkt oder indirekt durch Desinteresse.

Hier auf Erden hat Gott uns die Freiheit gegeben, seinen Willen zu tun – oder eben nicht nach ihm zu fragen. Daniel hatte sich entschieden, den Willen Gottes zu tun. Und er hatte sich entschieden, den Willen Gottes für sein Leben und sein Sterben anzunehmen.

In der Bibel wird berichtet, dass der Apostel Paulus an eine christliche Gemeinde schrieb, in der es einige Todesfälle gegeben hatte. Er teilte ihr unter anderem mit: „Und nun, liebe Brüder, möchten wir euch nicht im Unklaren darüber lassen, was mit den Christen ist, die schon gestorben sind. Ihr sollt doch nicht trauern wie die Menschen, denen die Hoffnung auf das ewige Leben fehlt. Wenn wir glauben, dass Jesus gestorben und auferstanden ist, so dürfen wir auch darauf vertrauen, dass Gott alle auferwecken wird, die im Glauben an Jesus Christus gestorben sind. [...] Tröstet euch untereinander, weil ihr diese Hoffnung habt" (1. Thessalonicher 4,13–14.18; Hfa).

Das ist unsere gemeinsame Aufgabe. Redet miteinander, tröstet die Trauernden. Macht ihnen mit diesen Worten Hoffnung, dass dies nicht das Ende vom Lied ist.

Als Daniel krank wurde und als er starb, haben du, Marion, und die ganze Familie erlebt, dass Menschen um euch waren, die mit euch geweint und euch mit solchen und ähnlichen Worten getröstet haben. Da war nicht nur Verzweiflung, sondern auch viel Hoffnung inmitten der Trauer.

Paulus sagt: Es gibt ein Trauern mit Hoffnung und es gibt ein Trauern ohne Hoffnung. Wir wollen euch über die Verstorbenen nicht in Unkenntnis lassen, damit ihr nicht trauert wie die anderen, die keine Hoffnung haben.

Jedes Mal, wenn ich Menschen beerdige, die nicht an Gott geglaubt haben, erlebe ich sehr nachdrücklich die Hoffnungslosigkeit der Hinterbliebenen. Sie trauern wie Menschen, die keine Hoffnung haben – sie sind untröstlich. Und sie haben ja auch wirklich keinen Trost, keine Hoffnung auf ein Wiedersehen, keine Aussicht auf die Auferstehung von den Toten. Für sie ist der Tod eine absolute Grenze.

Wenn ein Christ stirbt, dann trauern die Hinterbliebenen natürlich auch, aber sie trauern mit Hoffnung. Sie wissen, dass der Tod nicht das letzte Wort hat. Sie glauben, dass sie einander wiedersehen werden. Sie trauern mit einer Hoffnung, die stärker ist als der Tod.

Der Apostel Paulus definiert, was diese Hoffnung auf den Himmel genau bedeutet: Wenn Jesus – und daran glauben wir – gestorben und auferstanden ist, dann wird Gott durch Jesus auch die Verstorbenen zusammen mit ihm zur Herrlichkeit (zum Himmel) führen.

Der Himmel ist ein Begriff für Vollendung. Er steht für das Ankommen, für unser Ziel. Dort, wo Jesus ist, wird der Himmel sein. Dort, wo er ist, werden die Verstorbenen sein. An einem Ort, wo der Tod keine Macht mehr hat. Ein Ort, wo alle Tränen getrocknet und alle Fragen beantwortet werden. Das ist der Himmel. Daniel ist uns dorthin vorangegangen. Er sagte: „Wir sehen uns im Himmel wieder!"

Möglicherweise denkt der eine oder andere: „Egal, ob es einen Himmel gibt – wenn es Daniel gut getan hat, daran zu glauben, dann war es gut."

Dann aber wäre diese Hoffnung nicht mehr als eine hilfreiche Unwahrheit. Mir ist aufgefallen, dass alle Menschen anfangen, sich mit irgendetwas zu trösten, wenn ein geliebter Mensch stirbt. Einige sagen zu sich: „Es war sicher besser so", oder: „Er lebt in meinem Herzen weiter." Andere greifen fernöstliches Gedankengut auf und stellen sich vor, dass die Verstorbenen in einem anderen Menschen wiedergeboren werden, ohne zu wissen, dass es für einen Buddhisten eine Art Fegefeuer, eine Strafe darstellt, immer wiedergeboren zu werden.

Beerdigungen von Menschen, die ohne Glauben an Jesus Christus gelebt haben, sind im Kern trostlos. Ohne Glauben an den, der den Tod überwunden hat, kann keine Hoffnung entstehen, die über den Tod hinausgeht. Deshalb ist der Tod auch in unserer Gesellschaft ein Tabuthema.

Nicht einmal angesichts eines bevorstehenden Todes wird darüber gesprochen und oft werden wir erst bei Beerdigungen von Freunden und Verwandten mit der eigenen Sterblichkeit konfrontiert.

Ich denke, dass unsere Angst vor dem Tod daher kommt, dass wir nicht wissen, wohin wir gehen und was uns erwartet. Wir wollen nicht sterben und erwarten eigentlich, ein langes (unendliches) Leben zu haben. Und kaum einer denkt daran, dass eine schwere Krankheit, ein tragischer Unfall gerade ihn treffen könnte. Wir blenden unseren eigenen Tod aus und verdrängen die Fragen, die sich daraus ergeben. Für viele Menschen ist der Himmel leer, die Hölle entmythologisiert, die Kirche ein Fossil. Und leider hat die Kirche viel zu ihrem derzeitigen Erscheinungsbild beigetragen.

Der leere Himmel bedeutet aber auch den Verlust der

christlichen Hoffnung. Der leere Himmel bedeutet: Da ist keiner mehr und da war auch niemand.

Der leere Himmel bedeutet, dass mir dieses Leben alles geben muss, was ich will.

Der leere Himmel bedeutet, dass alle Ungerechtigkeiten, die von Menschen begangen wurden, niemals gesühnt werden.

Der leere Himmel bedeutet, dass die Reichen Glück und die Armen Pech gehabt haben, einfach weil sie zur falschen Zeit im falschen Land geboren wurden.

Der leere Himmel ist ein Zeichen der Hoffnungslosigkeit.

Aber der Himmel ist nicht leer, und die christliche Hoffnung ist kein Selbstbetrug von Menschen, die sich mit ihrer eigenen Endlichkeit nicht abfinden konnten. Die christliche Hoffnung ist ein Paradoxon. Sie besagt, dass das Sterben Jesu ewiges Leben hervorbringt. Der Mensch wird herausgefordert zu glauben, damit er in Ewigkeit leben kann. Bevor Jesus an einem harten Kreuz für uns Menschen sein Leben aufgab, sagte er: „Euer Herz erschrecke nicht! Glaubt an Gott und glaubt an mich! In meines Vaters Hause sind viele Wohnungen. Wenn's nicht so wäre, hätte ich dann zu euch gesagt: Ich gehe hin, euch die Stätte zu bereiten? Und wenn ich hingehe, euch die Stätte zu bereiten, will ich wiederkommen und euch zu mir nehmen, damit ihr seid, wo ich bin" (Johannes 14,1–3; LÜ).

Was für eine herausfordernde Aussage! „Vertraut mir in Bezug auf euren Tod. Wenn euer Sterben bevorsteht, sorgt euch nicht, vertraut mir." Es scheint ganz so, dass Jesus mit dem Tod seiner Jünger kein Problem hat. Ganz beiläufig sagt er: „Ihr braucht keine Angst zu haben. Lasst euch nicht beunruhigen, denn ich habe schon alles vorbereitet. Wenn du ins Haus meines Vaters kommst, ist alles vorbereitet. Du musst dich um nichts kümmern. Vertraue mir. Vertraue mir im Leben, damit du mir auch im Sterben vertrauen kannst."

Bei Gott ist der Tod keine Tragödie – auch nicht der Tod eines jungen, begabten Menschen. Indem Gott einen Menschen nach Hause ruft, tut er, was jeder gute Vater tut: Er bringt uns dorthin, wo wir eigentlich hingehören.

Jesus sagt, dass es im Haus seines Vaters viele Wohnungen gibt, und ich kann mir gut vorstellen, dass er ein richtig starkes Apartment für Daniel vorbereitet hat. Es würde mich nicht wundern, wenn darin ein Bass und ein Schlagzeug stünden. Es würde mich auch nicht wundern, wenn aus den anderen Apartments gleich zur Begrüßung ein paar andere Musiker herauskämen und Daniel zur nächsten Jam-Session einladen würden.

Nachdem Jesus seinen Jüngern gesagt hat, dass er hingeht, um eine himmlische Wohnung vorzubereiten, fügte er hinzu: „Den Weg dorthin kennt ihr ja."

„Herr", widersprach ihm Thomas, „wir wissen nicht, wo du hingehst; wie können wir den Weg wissen?" (Johannes 14,4; LÜ) Später wird er noch einmal eine Frage stellen, die die anderen Jünger (und auch wir heute) vielleicht ebenfalls gern gestellt hätten, sich aber nicht zu fragen wagten. Ich denke, dass Jesus heute auf diese Frage die gleiche Antwort geben würde wie damals: „Ich bin der Weg, ich bin die Wahrheit, und ich bin das Leben! Ohne mich kann niemand zum Vater kommen" (Johannes 14,5; Hfa).

Jesus in Person ist der Weg. Seine Worte sind Wahrheit, und wenn man an sie glaubt, führen sie zum ewigen Leben. Daniel hat das geglaubt. Er hat diesen Jesus eingeladen, sein Lebensbegleiter zu werden. Wenn es stimmt, dass man zum Vater im Himmel nur durch den Sohn kommt, dann ist Daniel angekommen. Das bedeutet dann aber auch, dass man ohne Glauben an Jesus nicht beim Vater ankommt. Dies nennt die Bibel die ewige Verlorenheit. Ohne Glauben an Jesus, ohne Hoffnung auf den Himmel sind wir verlorene Menschen, verirrte Schafe, die keinen Hirten haben. Deshalb hat Jesus gesagt: „Ich bin der gute Hirte. Ich gebe mein Leben für die Schafe."

Es hat immer wieder Menschen gegeben, die für andere gestorben sind. Männer für ihre Frauen. Frauen für ihre Kinder. Menschen, die sich selbst als Geiseln zur Verfügung gestellt haben. Würden Sie für einen Freund sterben? Einige wenige Menschen würden dies aus großer Liebe und großer Freundschaft tun. Die allermeisten aber wohl eher nicht.

Die Bibel macht deutlich, dass der Sohn Gottes genau das

für uns getan hat. „Die größte Liebe beweist jemand, der sein Leben für die Freunde hingibt“ (Johannes 15,13; Hfa). Denn „Gott hat die Menschen so sehr geliebt, dass er seinen einzigen Sohn hergab. Nun werden alle, die sich auf den Sohn Gottes verlassen, nicht zugrunde gehen, sondern ewig leben“ (Johannes 3,16; Hfa).

Jesus starb, um den Weg zu Gott wieder freizumachen, damit alle, die an ihn glauben, nicht verlorengehen, sondern einander im Himmel wiedersehen. Daniel hat das geglaubt, und deshalb konnte er mit Gewissheit sagen: „Wir sehen uns im Himmel wieder ...“

Unabhängig davon, ob Sie eine „Hoffnung auf den Himmel“ haben oder nicht: Wenn Ihr Leben aus den alltäglichen Bahnen geworfen wird oder Sie sich in den vertrauten Lebensabläufen nicht mehr zu Hause fühlen, kommt es erfahrungsgemäß zur Krise.

Die Krise

Der Begriff „Krise“ geht auf das griechische Wort *Krisis* zurück, das ursprünglich „die Meinung“, „Beurteilung“, „Entscheidung“ bedeutete, später aber mehr im Sinne von „die Zuspitzung“ gebraucht wurde. Die Chinesen benötigen interessanterweise zwei Zeichen, um das Wort „Krise“ zu beschreiben. Eines der Schriftzeichen steht für „Gefahr“, das andere für „Gelegenheit“. Das gleiche Wort beinhaltet also zwei Möglichkeiten.

Unser normales Lebenstempo wird immer wieder durch unvorhergesehene Ereignisse unterbrochen. Eine Krise kann durch einen Todesfall, eine schwere Krankheit, das Scheitern einer Beziehung, den Verlust des Arbeitsplatzes oder durch das Bewusstwerden einer früheren traumatischen Erfahrung hervorgerufen werden. Auch die klassische Sinnfrage in der Lebensmitte um die 40 herum kann in eine existenzielle Krise führen.

Krisen haben einen Sinn, eine Aufgabe. Sie zwingen uns, Entscheidungen zu fällen. Sie werfen die Bausteine unseres Lebens durcheinander, damit wir sie danach neu sortieren können und wiederaufrichten.

In der Regel ist es bei den meisten Menschen ähnlich: Sie verändern nichts, bis ihnen der Partner, der Chef oder der Körper die gelbe oder die rote Karte zeigt. Die Krise des jüngeren Sohns wird beispielsweise ganz banal durch den knurrenden Magen ausgelöst. Jetzt zwingen ihn die harten Tatsachen des Lebens dazu, nach Lösungen zu suchen.

Jede existenzielle Krise wird von deutlich erkennbaren Symptomen begleitet: Man fühlt sich zunehmend leer, ausgepumpt und unbefriedigt. Die gewohnten Beziehungen befriedigen einen nicht mehr. Auch die berufliche Tätigkeit entzieht nur noch Kraft. Man hat das Gefühl, dass das pralle Leben gerade einen Bogen um einen selbst macht und dass ein großer Teil des Lebens unwiderruflich vorüber ist. Und man stellt sich die Frage, ob das wirklich schon alles gewesen ist.

Ein Mensch, der bislang ohne viel Selbstreflexion gelebt hat, beginnt nun, sein bisheriges Leben kritisch unter die Lupe zu nehmen. Er nimmt sich Zeit, wird still – und plötzlich geschieht etwas Unerwartetes!

Zunächst wird der Ruhesuchende mit seiner eigenen Unruhe konfrontiert, die sich in der Stille besonders laut zu Wort meldet. Manchmal hilft es, den Grund der Unruhe genau anzuschauen, damit man sich mit seiner Unruhe versöhnen oder die Situation ändern kann. Manchmal verspüren wir auch so etwas wie eine innere Rebellion. Im Grunde rebellieren wir Menschen gegen unsere Geschichte, gegen unsere Veranlagungen, und wir geben Gott und Menschen die Schuld dafür. Wir haben uns noch nicht von verschiedenen Illusionen gelöst, die wir uns über das Leben gemacht haben. Oft genug sind es kindliche Größenfantasien, von denen wir nicht loskommen. Wir möchten jemand Bedeutendes sein, zumindest jemand mit einer außergewöhnlichen Lebensgeschichte.

Der Benediktinerpater Anselm Grün schreibt in seinem Buch „Herzensruhe“ zu diesem Thema: „Irgendwann zwingt uns die Unruhe, uns von Illusionen zu verabschieden und zu unserer Lebensgeschichte Ja zu sagen, zu dem Leben, wie es nun mal ist, zu einer Welt, die natürlich unvollkommen ist, und letztlich Ja zu sagen zu Gott, der sich nicht nach unseren Vorstellungen richtet, sondern der ganz anders und oft unbegreiflich ist.“[21]

Grün schreibt in einem anderen Buch, in dem er sich über die Krise in der Lebensmitte Gedanken macht[22], dass Gott ständig versucht, mit uns zu reden. Aber irgendwie scheinen wir ihn nicht zu hören. Das Leben geht so seinen Lauf und auf einmal sind wir 40. Halbzeit! Wir denken darüber nach, noch einmal ganz neu anzufangen, und überlegen uns ernsthaft, uns vom Partner oder dem Job zu trennen. Gleichzeitig gibt es da auch Treue und Verantwortung, die uns davon abhalten, schnelle Entscheidungen von allzu großer Tragweite zu treffen. Die Krise stellt deshalb eine große Chance dar, sich den Wahrheiten und Realitäten des Lebens zu stellen.

Die meisten Menschen, die ich kenne, sehnen sich danach, in offenen und unkomplizierten Beziehungen zu leben. Wir sehnen uns nach Menschen, denen wir rückhaltlos vertrauen können, die mit uns fühlen, ehrlich zu uns sind und uns so annehmen, wie wir sind. Aber wir selbst glauben, dass wir nicht so offen sein können, weil man uns sonst verletzen würde.

Wir alle haben Ängste, die uns davon abhalten, uns zu öffnen: „Ich habe Angst, dir zu sagen, wer ich bin, denn wenn ich dir sage, wer ich bin, dann wird dir derjenige nicht gefallen, und das ist alles, was ich habe.“

Angst führt zur Unwahrheit. Unwahrheit aber ist Lüge. Lüge ist das Gegenteil der Wahrheit. Das griechische Wort für Lüge heißt *pseudos*. Sich eine Pseudoexistenz aufzubauen heißt, jemand anderes sein zu wollen oder zu müssen. Wenn jemand nicht in der Wahrheit lebt, dann muss er ein Pseudoleben führen. Anstatt wahrhaftig zu sein, spielt er eine Rolle. Weil wir in Beziehungen oft nicht wahrhaftig, nicht ehrlich, nicht authentisch sind, bekommen wir statt Gemeinschaft nur eine Scheingemeinschaft. Fehlender Mut zur Wahrheit führt immer zu Scheinbeziehungen, zu Scheinfreundschaften.

Je länger jemand in Scheingemeinschaften gelebt hat, desto stärker wird die innere Abwehrreaktion. Je mehr wir aber gelernt haben, ehrlich zu werden und offen miteinander umzugehen, desto weniger werden wir uns in den Schützengraben unserer Unsicherheit zurückziehen. Ohne Wahrheit keine Heilung. Ohne Wahrheit keine Gemeinschaft, sondern nur Pseudonyme.

Wenn man sich einer Lebenskrise stellt, ist man vor allem mit einer großen Gefahr konfrontiert – dem Fluchtreflex. Er steht für die Weigerung, sich selbst und seinen Ist-Zustand wirklich zu betrachten. Der Fluchtreflex kann verschiedene Formen annehmen und ist damit sozusagen ein Gestaltwandler.

Hinweise auf einen solchen Rückzug sind zum Beispiel stark depressive Stimmungen oder das Gegenteil: übergroße Aktivität. Im religiösen Bereich fliehen Menschen vor der inneren Auseinandersetzung oft in die äußere Frömmigkeit. Der Mensch erwartet dann von der Wahrung der äußeren Form die Lösung seiner inneren Krise. Aber mit äußerem Tun, mit frommer Betriebsamkeit und religiösem Aktivismus will man nur verdecken, dass man keine befriedigende Beziehung zu Gott hat, dass Gott selbst einem letztlich fremd ist.

Flucht in der Krise bedeutet, dass man an der bisherigen Lebensweise festhält, um das vermeintlich Sichere und Bekannte nicht zu verlieren. In der Folge wird der Mensch zum Prinzipienreiter, er versteinert, weil er wie Lots Frau zurückschaut und in dieser Haltung erstarrt. Durch Festhalten an religiösen Prinzipien und Praktiken will man die innere Angst verdecken, die die Krise auslöst. Letztlich ist es die Angst, dass Gott uns unsere selbstgemachten Bilder von uns selbst und von sich aus der Hand reißen könnte, sodass unser ganzes sorgfältig erstelltes Lebensgebäude in sich zusammenstürzt.

Eine Krise bedeutet Entscheidung: Ich muss die Verantwortung für mein bisheriges und mein zukünftiges Leben übernehmen. Ich muss vom Opferstuhl meiner Enttäuschungen aufstehen und das Wartezimmer des Lebens verlassen. „Die Entscheidung liegt bei dir“, schreibt Reinhard Sprenger[23] und er hat recht.

Die Krise birgt immer auch eine Lösung. Die Lösung des jüngeren Sohnes lautet „Erinnerung“: Er erinnert sich daran, dass es im Haus des Vaters immer genug zu essen gab. Und er fällt den Entschluss, das Haus der Schweine zu verlassen und sich auf den Weg zum Haus des Vaters zu machen.

Mein Auto hat ein Navigationssystem. Dieses System kennt fast alle Straßen in Deutschland und ist ständig mit mehreren Satelliten verbunden, die immer genau wissen, wo ich mich befinde. Wenn ich trotz richtiger Hinweise falsch abgebogen bin, teilt mir eine freundliche Stimme mit: „In fünfzig Metern links abbiegen“, oder: „Bei der nächsten Möglichkeit bitte wenden.“ Immer wieder informiert sie mich darüber, wann ich rechts, links oder geradeaus fahren soll. Und irgendwann sagt die Stimme den wunderschönen Satz: „Sie haben Ihr Ziel erreicht!“

Wo immer Sie auch im Leben falsch abgebogen sind; egal, in welche Richtung Sie unterwegs sind; unabhängig davon, in welche Sackgasse Sie sich hereinmanövriert haben – Sie können jederzeit bei der nächsten Möglichkeit zum Vater im Himmel umkehren. Auch für Sie gilt – wie für den jüngeren Sohn aus dem Gleichnis –, dass der Vater im Himmel sehnsüchtig nach Ihnen Ausschau hält. Aus diesem Grund stellt die Krise auch für Sie eine Chance dar.

Pater Anselm Grün sagt: „Vom Glauben her gesehen ist in dieser Krise Gott selber am Werk. Er bringt Bewegung in das menschliche Herz, um es für sich aufzubrechen und von allen Selbsttäuschungen zu befreien.“

Mit diesem Satz bekommt die Krise etwas Hoffnungsvolles. „Ich höre! Ich höre Unglaubliches! Gott selbst ist jetzt am Werk, es wächst etwas, was ich noch nicht sehe. Es sind nicht nur die Realitäten meines Lebens, die mein Leben anfragen, annagen. Gott selbst ist am Werk. Ich bin nicht nur durcheinander. Gott selbst ist am Werk. Er schließt eine Phase ab, weil etwas ganz Neues beginnen soll.“

Im Neuen Testament wird davon berichtet, wie die Bewohner der Heimatstadt Jesu – Nazareth –, als sie diesen lehren und heilen sahen, spöttisch-zweifelnd fragten: „Ist er nicht der Zimmermann, Marias Sohn, und der Bruder des Jakobus und Joses und Judas und Simon? Sind nicht auch seine Schwestern hier bei uns? Und sie ärgerten sich an ihm" (Markus 6,3; LÜ).

Durchschnittliche Mitteleuropäer denken oft genauso wie die Einwohner Nazareths. Wir glauben zu wissen, wer Jesus ist, und haken dann das Thema mittels Spott und vermeintlichen Erfahrungswerten ab: „Ist das nicht der Sohn des Zimmermanns? Ist das nicht der, dem meine verkalkte Oma immer Kerzen anzündet? Ist das nicht der, an den meine lebensuntüchtige Schwester glaubt?"

Oder man geht die Sache historisierend an: „Ist das nicht der, in dessen Namen die Päpste Kreuzzüge befohlen haben?" Oder kriminologisch: „Ist das nicht der, dessen Priester sich an Kindern vergangen haben?" Oder psychologisierend: „Ist das nicht der, der aufgrund seiner Selbstüberschätzung gekreuzigt wurde? Ist das nicht derjenige, dessen Jünger eine kollektive Auferstehungsvision entwickelt haben, weil sie den Gedanken nicht aushalten konnten, dass Jesus tatsächlich gestorben ist?" Oder intellektuell: „Ist die Figur Jesus nicht die Projektionsfläche aller menschlichen Ängste und Hoffnungen, also keine historische, sondern eine mythische Gestalt, die unsere Hoffnungen bestätigen und Ängste besiegen soll?"

Wer sich der Person Jesus nähern will, kann das mit all seinen Fragen und Zweifeln tun. Jesus hat kein Problem mit Zweifeln, weder mit Zweifeln an der Güte Gottes noch an seiner eigenen Existenz. Zweifel gehören zum Erwachsenwerden des Glaubens. Zweifel zwingen uns, über unsere Fundamente nachzudenken. Und: In der Bibel stoßen wir immer wieder auf Menschen, die Zweifel haben.

Alle Glaubenshelden zweifelten, manche immer wieder. Der hebräische Dichterkönig David war fast an Gott verzweifelt, als er schrieb: „Herr, wie lange willst du mich so ganz vergessen? Wie lange verbirgst du dein Antlitz vor mir? Wie lange soll ich sorgen in meiner Seele und mich ängstigen in meinem Herzen täglich?“ (Psalm 13,2–3; LÜ).

Und David war nicht der Einzige. Sie können sich das Leben und Wirken von Hiob, Elia und Jeremia ansehen und Sie werden überall das gleiche Muster entdecken: Diese großen Diener Gottes waren lautstarke Zweifler, sarkastische Prediger und desillusionierte Propheten.

Vielleicht haben Sie Zweifel an dem bisher Gesagten oder am Wahrheitsgehalt der Bibel, die von mir hier immer wieder zitiert wird. Die Bibel ist ein Buch, an dem bekannte und unbekannte Autoren aus verschiedenen Nationen über einen Zeitraum von über 1.000 Jahren mitgeschrieben haben. Sie berichtet vom Ursprung der Menschheit, von Gottes Entscheidung, ein Volk (Israel) aus allen Völkern zu erwählen, und von Jesus Christus, dem Sohn Gottes, durch den alle Menschen die Chance bekommen haben, Versöhnung mit Gott zu erleben. Die Bibel ist eine gewachsene Einheit, ein „Textteppich“, dessen Fäden untrennbar miteinander verwoben sind, sodass man sie nicht auflösen kann, ohne das Gesamtwerk zu zerstören.

Die Kraft der Bibel liegt in der Tatsache begründet, dass sie kein gewöhnliches Buch ist, sondern dass sie „lebt“. Jeder, der sich eingehend mit der Bibel befasst, wird Ihnen das bestätigen: Man kann sie immer wieder lesen und entdeckt immer wieder Neues darin. Geschichten und Textstellen, die ich schon lange zu kennen meinte, sprechen auf einmal genau in meine Lebenssituation hinein und eröffnen mir ganz neue Horizonte. Verse „springen“ mich förmlich an, geben mir neue Orientierung, weisen mich darauf hin, wenn ich auf dem Holzweg bin, oder durchströmen mich mit neuer Hoffnung. Das liegt daran, dass die Bibel eben keine bloße Sammlung von Geschichten und weisen Sprüchen ist, sondern das lebendige Wort Gottes – sie überwindet den menschlichen Zweifel durch göttliche Inspiration.

Die folgende Stelle aus dem Hebräerbrief fasst diese Faszination sehr treffend zusammen: „Gottes Wort ist voller Leben und Kraft. Es ist schärfer als die Klinge eines zweischneidigen Schwertes; dringt es doch bis in unser Innerstes, trennt dort Menschliches von Göttlichem und trifft uns tief in Mark und Bein. Dieses Wort ist ein unbestechlicher Richter über die Gedanken und geheimsten Wünsche unseres Herzens" (Hebräer 4,12; Hfa).

Auch wenn die Bibel in westlichen Ländern ein „ungelesener Bestseller" ist – diejenigen, die darin lesen, erfahren seit mehr als 3.000 Jahren ihre lebensverändernde Kraft.

Verkalkung des Herzens

Alle Berichte des Neuen Testamentes, die über die Auferstehung Jesu von den Toten berichten, erwähnen ebenfalls die Zweifel der Jünger Jesu: „Die elf Jünger aber gingen nach Galiläa zu dem Berg, den Jesus ihnen genannt hatte. Als sie ihn dort sahen, fielen sie vor ihm nieder und beteten ihn an. Einige aber zweifelten, ob es wirklich Jesus war" (Matthäus 28,16–17; LÜ).

Im Markusevangelium wird berichtet, dass der auferstandene Christus sich den elf Jüngern offenbarte (Judas war nicht mehr dabei) und sie zurechtwies, „weil sie in ihrem Unglauben und Starrsinn nicht einmal denen glauben wollten, die ihn nach seiner Auferstehung gesehen hatten" (Markus 16,14; Hfa).

Wenn die ersten Jünger Jesu, die Jahre mit ihm verbracht hatten, Zweifel an seiner Auferstehung hegten, dann ist es nur legitim, dass wir heute ebenfalls Zweifel haben. Allerdings setzt sich Jesus mit den Zweifeln der Jünger auseinander, die hier als Unglaube und Starrsinn bezeichnet werden.

Das griechische Wort, das hier mit „Starrsinn" übersetzt wurde, heißt *sklerokardia*. Wir kennen dieses zusammengesetzte Wort aus dem medizinischen Bereich. Es gibt eine Krankheit, Arteriosklerose, die im Volksmund auch „Verkalkung" genannt wird. *Kardia* heißt Herz und *sklerotisch* steht für Verhärtung oder Verkalkung.

Jesus stellte hier also eine harte Diagnose. Er sagt seinen Jüngern im Grunde: „Ihr leidet an Verkalkung des Herzens." Trotzdem hat Jesus den Zweifel seiner Jünger ernst genommen und in Glauben verwandelt. Dies können wir in einem Bericht über den berühmtesten Zweifler unter den Aposteln, den „ungläubigen Thomas", nachlesen (Johannes 20,24–29).

Der Thomas des Neuen Testamentes war ein eigenständiger, unabhängiger Denker mit einem Hang zur Skepsis, der Fragen stellte und lieber seinem eigenen Urteil vertraute als den Nachrichten, die andere Menschen überbrachten. Gerade Menschen, die sagen, dass sie aus intellektueller Redlichkeit nicht glauben können, können sich oft mit der Person des Thomas identifizieren. Viele Menschen interessieren sich überhaupt nicht für geistliche Fragen. Wer sich aber im Haus des Zweifels befindet, der hat sich bereits auf den Weg gemacht und setzt sich mit Gott auseinander.

Zwischen einem nach Wahrheit suchenden Menschen und einem grundsätzlichen Skeptiker gibt es einen wichtigen Unterschied: Der Erste will, kann aber nicht glauben. Der Zweite will nicht und sucht Gründe, um nicht glauben zu müssen. Thomas aber wollte glauben und suchte Gründe dafür. Viele Menschen, mit denen ich mich über Gott unterhalte, ähneln Thomas. Sie wollen gern glauben, wissen aber nicht, wie; sie haben Fragen, die sie nicht in Worte fassen können, und warten auf jemanden, der ihnen dabei hilft zu glauben.

Wie ist Jesus mit den Zweifeln von Thomas umgegangen? Er hat nicht gesagt: „Tja, Thomas, Pech gehabt – leider bist du in der Glaubensprüfung beim Thema ‚Zweifel' durchgefallen. Das war's für dich. Ich wünsche dir viel Erfolg in einer anderen Branche."

Nein, Jesus hat Thomas für sein Zweifeln, für sein „Sichergehen-Wollen" nicht verurteilt. Jesus sagt niemals: „Du darfst keine Zweifel haben", sondern er sagt: „Du musst mit deinen Zweifeln ringen, bis du einen Glauben hast, der allen Zweifeln standhält."

Allerdings gibt es dabei ein Problem: Die meisten Menschen wollen nicht ringen, sondern einfach eine Bestätigung ihrer Denk- und Lebensweise. Der Nichtgläubige will darin bestätigt werden, dass es Gott nicht gibt, so wie der Gläubige eine Bestätigung seines Glaubens will.

„Professionelle" Zweifler wie Philosophen und Theologen stellen die Frage nach Gott mal mit mehr, mal mit weniger Leidenschaft immer wieder neu. Der griechische Philosoph Epikur (341–270 v. Chr.) hat die entscheidenden Fragen schon sehr früh formuliert:

„Entweder will Gott die Übel beseitigen und kann es nicht: dann ist Gott schwach, was auf ihn nicht zutrifft, oder er kann es und will es nicht: dann ist Gott missgünstig, was ihm fremd ist, oder er will es nicht und kann es nicht: dann ist er schwach und missgünstig zugleich, also nicht Gott, oder er will es und kann es, was allein für Gott ziemt: Woher kommen dann die Übel und warum nimmt er sie nicht hinweg?"[24]

Epikurs Frage nach der Gerechtigkeit Gottes angesichts des in dieser Welt festzustellenden Leids und dem Nicht-Eingreifen Gottes wird als „Theodizee-Frage" bezeichnet. Während die frühe Theologie bis ins 20. Jahrhundert hinein versucht hat, Gottes Verhalten zu rechtfertigen, verzichtet die moderne Theologie zu Recht darauf, Gott zu erklären. Die Antwort auf die Frage nach der Gerechtigkeit Gottes ist Jesus, der sich am Kreuz mit allem Leid dieser Welt identifizierte, indem er die Sünden der Welt auf sich nahm. Allerdings ist das demjenigen, der gerade mitten im Leid steckt, meist nicht genug, weil er keine Solidarität will, sondern ein Ende seines Leids.

Einer der Theologen, der eine eigenständige Antwort formuliert hat, ist der lutherische Dogmatiker Edmund Schlink[25]. Er kehrt die Theodizee-Frage um und stellt nicht Gott, sondern den Menschen infrage. Seine These lautet: Nicht Gott muss sich vor dem Menschen rechtfertigen, sondern der

Mensch vor Gott. Er sagt: Es ist doch unbegreiflich, dass Gott dem Menschen immer noch Gelegenheit gibt, umzukehren, obwohl dieser sich ständig gegen Gott empört und gegen andere Menschen sündigt.

Diese Frage ist durchaus legitim. Warum hat Gott nicht schon lange die Nase voll von einer Menschheit, die ständig gegen ihn ankämpft oder nichts von ihm wissen will und seine Gebote mit Füßen tritt? Warum sagt er nicht einfach: „Jetzt reicht's!" und schickt noch einmal eine globale Sintflut, diesmal allerdings ohne rettende Arche?

Die Antwort, die Jesus auf diese Frage gibt, finden wir im Gleichnis vom Vater und seinen zwei Söhnen. Zusammen mit dem jüngeren Sohn haben wir den Vater verlassen und leben nun außerhalb des Paradieses unter den Bedingungen einer von Gott getrennten Welt. Während es im Paradies weder Tod noch Leid gab, ist unsere Welt voll davon. Das Leid dieser Welt wird zum größten Teil von Menschen verursacht, die den Vater und die Lehre Jesu nicht kennen, geschweige denn danach handeln. Solange die Erde sich dreht, wird es neben Tag und Nacht, Sonne und Regen, auch Leid und Tod geben.

Der Apostel Paulus erinnerte daran, dass „die gesamte Schöpfung leidet und unter Qualen auf ihre Neugeburt wartet" (Römer 8,22; Hfa). Die ganze Schöpfung seufzt, die ganze Welt liegt in Wehen. Die Erde stöhnt in Form von Erdbeben, Tsunamis, Wirbelstürmen und Hochwassern. Sie ist getränkt mit dem Blut der Unschuldigen, das auf den Schlachtfeldern der Welt vergossen wurde, und es heißt, dass das Blut der Unschuldigen zum Himmel schreit.

Weil die Ungerechtigkeit dieser Welt der Gerechtigkeit Gottes widerspricht, seufzen wir mit der Schöpfung und hoffen auf die vollständige Erlösung, die eines Tages sichtbar werden wird, wenn Gott im Letzten Gericht Recht spricht, wenn die Menschen und die Welt neu geschaffen werden, wenn das Vergängliche zum Unvergänglichen, das Sterbliche zum Unsterblichen geworden ist.

Da Gott uns nicht als Marionetten erschaffen hat, sondern als Menschen mit einem freien Willen, entscheidet jeder Einzelne täglich mit darüber, ob die Welt etwas schöner oder etwas hässlicher wird.

Auch Thomas, die Symbolfigur des Zweiflers, entscheidet durch seinen Glauben oder Unglauben, welche Rolle er in Zukunft spielen wird. In der kirchlichen Kunst ist oft zu sehen, dass er mit seinen Fingern die Seitenwunde Jesu berührt. Im biblischen Text verzichtet Thomas jedoch auf die Berührung, weil er mit seinen eigenen Augen den auferstandenen Jesus gesehen hat. Der Bibeltext berichtet, dass Thomas nicht dabei gewesen ist, als Jesus den anderen Jüngern erschien. Diese Erfahrung haben wir mit Thomas und dem Rest der Menschheit gemeinsam: Wir waren nicht dabei und deshalb sind wir gemeinsam mit Thomas mehr als skeptisch.

Allerdings hat es zu allen Zeiten – unabhängig von ihrem sozialen Status oder ihrer Bildung – gläubige und nichtgläubige Menschen gegeben. In all den wechselvollen Zeiten der 2.000-jährigen Kirchengeschichte beginnen die einen nach dem Hören des Evangeliums zu glauben … und die anderen zu zweifeln.

Der evangelische Dichter und Liedtexter Joachim Neander (1650–1680) hat während des Dreißigjährigen Krieges und trotz eines schlimmen persönlichen Leidenswegs ein Loblied geschrieben, das bis heute in den meisten kirchlichen Gesangbüchern steht:

„Lobe den Herren,
der deinen Stand sichtbar gesegnet,
der aus dem Himmel
mit Strömen der Liebe geregnet.
Denke daran,
was der Allmächtige kann,
der dir mit Liebe begegnet.

Lobe den Herren,
was in mir ist, lobe den Namen.
Alles, was Odem hat,
lobe mit Abrahams Samen.

Er ist dein Licht,
Seele, vergiss es ja nicht.
Lobende, schließe mit Amen!"
(Text: Joachim Neander 1680; Musik: 17. Jh.; Geistlich Stralsund 1665, Halle 1741)

Es ist eindeutig: Hier dichtet kein Zweifelnder, sondern ein Mann, der sich seines Gottes und seines Glaubens gewiss ist.

Der deutsche Dramatiker Bertolt Brecht hat dem frommen Dichter mit seinem „Großen Dankchoral" das spöttische Credo des Atheisten entgegengeschleudert:

„*Lobet von Herzen*
das schlechte Gedächtnis des Himmels!
Und dass er nicht
weiß euren Namen noch Gesicht.
Niemand weiß, dass ihr noch da seid.

Lobet die Kälte,
die Finsternis und das Verderben!
Schauet hinan:
Es kommet nicht auf euch an
und ihr könnt unbesorgt sterben."[26]

Hier formuliert kein Zweifler seine Gedanken, sondern einer, der sich seines Unglaubens gewiss ist. Zugespitzt formuliert Brecht als zynischer Analytiker des Leides dieser Welt, dass Gott angesichts der Dramen dieser Welt nur eine Entschuldigung hat: Es gibt ihn nicht. Brecht fordert den Menschen dazu auf, endlich einzusehen, dass der Himmel leer ist. Jesus dagegen fordert uns dazu auf zu glauben, dass der Himmel bewohnt ist – dass dort jemand ist, der es wert ist, „Vater" genannt zu werden.

„Ich glaube nur, was ich sehe!"

Werfen wir noch einmal einen pragmatischen Blick auf Thomas. Seine Hauptaussage lautet im Grunde: „Ich glaube nur, wenn ich ihn fühlen und sehen kann." Daraus ist das Motto vieler Menschen geworden, die heute sagen: „Ich glaube nur, was ich sehe."

In diesem Satz liegt mehr Wahrheit, als man im ersten Moment denkt. Denn eigentlich bedeutet er: „Ich kann nur das für wahr halten, was ich sehen und anfassen kann, wovon ich mich persönlich überzeugt habe." Ein Computer-Betriebssystem wird mit dem Satz beworben: „What you see is what you get": „Was du (auf dem Bildschirm) siehst, ist das, was du (beispielsweise ausgedruckt) bekommst. Was du siehst, bekommst du auch, also ein fairer Deal."

Nun ist aber der Bereich, den ich persönlich überblicken kann, ziemlich klein. Da ist meine Wohnung, meine Familie, mein Arbeitsplatz, mein Urlaubsort. Wenn wir wirklich nur das glauben würden, was wir sehen und anfassen können, dann würden wir uns selbst sehr einschränken.

Durch Medien wie Zeitungen, Internet und Fernsehen bekommen wir unzählige Nachrichten aus aller Welt – zwar gefiltert und geordnet, aber wir bekommen sie, bewerten sie, glauben sie, weil wir sie mittels der Medien gesehen und gehört haben. Niemals zuvor ist eine Generation so umfassend informiert worden wie die unsere. Die allermeisten dieser Informationen glauben wir, ohne dass wir sie selbst überprüft hätten. Wir glauben, dass das Flugzeug, mit dem wir fliegen, gewissenhaft gewartet wurde, ohne es selbst überprüft zu haben. Wenn wir eine Tablette schlucken, dann glauben wir der Aussage des Beipackzettels, dass diese Tablette das bewirkt, was darauf steht.

Es stimmt also nicht, dass wir nur glauben, was wir sehen – wir glauben sogar sehr vieles, ohne dass wir es persönlich überprüfen können. Wir glauben Reportern und Ärzten, Augenzeugen und Nachrichtensprechern. Die Bibel überbringt die Nachricht, dass Jesus Christus auferstanden ist. Die Augenzeugen waren einige Frauen und rund hundert Männer, die ihn lebendig gesehen haben. Diese Nachricht ist erst einmal genauso glaubwürdig wie andere unüberprüfbare Nachrichten.

Jeder, der heiratet, glaubt und hofft, dass seine Ehe glücklich und erfüllend wird, ohne wissen zu können, ob es tatsächlich so sein wird. Wenn wir in einen neuen Job einsteigen, dann hoffen wir, dass er uns Geld, Sicherheit und gute Aufstiegschancen bringt. Indem wir dies hoffen, entwickeln wir Glauben.

Jeder von uns hat viele Bereiche, in denen er sehr intensiv auf etwas hofft und an etwas glaubt. Als Menschen könnten wir nicht leben, ohne zu glauben, dass wir eine Zukunft haben, für die es sich zu leben lohnt. Alles hängt vom Glauben ab, denn man kann nicht erst dann anfangen zu leben, wenn man alle Eventualitäten der Zukunft genau bestimmt und ausgerechnet hat – das ist unmöglich.

Wer versucht zu leben, ohne Glauben zu investieren, wird weder beruflich noch privat sein Glück finden. Wer nur glaubt, was er sieht, engt sein Leben auf ein sehr kleines Stück der Wirklichkeit ein. Wenn man seinen eigenen Horizont erweitern will, muss man Glaubensschritte gehen.

Glaubensschritte

In dem biblischen Bericht über die Begegnung von Jesus und Thomas wird erwähnt, dass Jesus auf die trotzige Forderung des Zweiflers eingeht und zu ihm sagt: „Komm her, Thomas! Leg deine Finger auf meine Wundmale, deine Hand in meine Seitenwunde, und zweifle nicht länger.“

Die Kathedrale Santa María de Regia in der spanischen Stadt León gilt auch wegen der 10.000 Quadratmeter Buntglasfenster als die schönste aller Kirchen des Landes. Von außen gesehen wirken die Bleiglasfenster der Kathedrale stumpf, farblos und blind. Von innen aber, durch das Sonnenlicht zum Leuchten gebracht, erzählen die Fenster biblische Geschichten in strahlenden Farben. Die Analogie zum Glauben drängt sich geradezu auf. Von außen betrachtet, vom Standpunkt des Zweifels aus, wirkt der christliche Glaube oft farblos und stumpf. Von innen aber, vom Glauben aus gesehen, hat er eine unwiderstehliche Leuchtkraft.

Als Thomas Jesus hört und sieht, stammelt er mehr, als dass er spricht: „Mein Herr und mein Gott!" Glaube führt zur Erkenntnis Gottes und bringt ein persönliches Bekenntnis hervor: „Jesus ist mein Herr und mein Gott."

In dieser Szene sagt Jesus ebenfalls zu Thomas: „Du glaubst, weil du mich gesehen hast." Nun ja, ich stelle es mir ehrlich gesagt ziemlich schwierig vor, *nicht* zu glauben, wenn Jesus auf einmal im Zimmer steht. Es war keine Leistung von Thomas zu glauben, denn Jesus ging tatsächlich auf seine Forderung ein.

Als Menschen stellen wir Gott gegenüber oft ähnliche Bedingungen, wie Thomas das getan hat: „Wenn du dies und das tust, dann werde ich glauben. Wenn du mich gesund machst, wenn du mich reich machst, wenn dies oder das in meinem Leben geschieht, dann werde ich glauben." Wir verlangen so oft eine „Sonderoffenbarung", wie Thomas sie erhalten hat.

Jedes Mal, wenn wir etwas von Jesus hören, melden sich zwei Stimmen in uns zu Wort: die des Glaubens und die des Unglaubens. Die Stimme des Unglaubens bringt den Menschen in die Versuchung, nichts zu wagen, und verführt ihn dazu, sich hinter der Fassade des ironischen Spötters zu verbergen.

Die Stimme des Unglaubens ist die Stimme von Goethes Mephisto, die es mir verwehrt, neue Erfahrungen in Glaubensdingen zu machen. Unglaube ist immer einengend und beschneidend und sogar krankmachend, weil ein Ungläubiger permanent misstrauisch sein muss.

In der Bergpredigt hat Jesus gesagt: „Glücklich sind die Traurigen, denn Gott wird sie trösten. Glücklich sind, die auf Gewalt verzichten, denn sie werden die ganze Erde besitzen. Glücklich sind, die sich nach Gottes Gerechtigkeit sehnen, denn Gott wird ihre Sehnsucht stillen. Glücklich sind die

Barmherzigen, denn Gott wird auch mit ihnen barmherzig sein“ (Matthäus 5,4–7; Hfa). Und nun kommt eine wunderbare Glücklichpreisung hinzu: „Wie glücklich können erst die sein, die nicht sehen und trotzdem glauben“ (Johannes 20,29; Hfa).

Einige Gedanken zu „Das Haus der Schweine“

- In welchen Bereichen sitzen Sie im Wartezimmer des Lebens und hoffen, dass irgendwie, irgendwann ein Wunder passiert?
- Auf welche Weise und mit welchem Erfolg haben Sie bislang versucht, das zu tun, was Sie wirklich tun wollen, und dem zu widerstehen, was Sie nicht wollen?
- Wann haben Sie das letzte Mal einen Schrei Ihres Herzens mit dem „Queen“-Slogan „The show must go on“ übertönt?
- Mit welcher Haltung gehen Sie Ihrem eigenen Tod entgegen? Haben Sie eine konkrete Hoffnung, die über das irdische Leben hinausgeht?
- Kennen Sie jemanden, dem Sie rückhaltlos vertrauen und dem gegenüber Sie in Krisen radikal ehrlich sein können?
- Jedes Mal, wenn wir von Jesus hören, melden sich zwei Stimmen: die des Glaubens und die des Unglaubens. Welcher Stimme geben Sie normalerweise mehr Gewicht?

Kapitel 3

Das Haus der Knechte

„Da kam er zur Besinnung: ‚Bei meinem Vater hat jeder Tagelöhner mehr als genug zu essen und ich sterbe hier vor Hunger. Ich will zu meinem Vater gehen und ihm sagen: Vater, ich bin schuldig geworden an Gott und an dir. Sieh mich nicht länger als deinen Sohn an, ich bin es nicht mehr wert. Aber kann ich nicht als Tagelöhner bei dir bleiben?‘ Er stand auf und ging zurück zu seinem Vater“ (Lukas 15,17–19; Hfa).

Bildinterpretation „Das Haus der Knechte"

Als der jüngere Sohn nichts mehr hat, worauf er stolz sein kann, taucht eine Erinnerung aus der Vergangenheit auf: Die Knechte seines Vaters haben immer genug zum Leben, während er dem Tode nah ist. Also macht er sich auf den Nachhauseweg, um ein Knecht seines Vaters zu werden.

Im von industriellen Brauntönen geprägten Haus der Knechte auf unserem Bild herrscht Ordnung und Fleiß. Die Fenster sind hoch und schmal. Diejenigen, die hier leben, haben sich mit der Zeit daran gewöhnt, mit wenig Licht auszukommen. Sie sind weder zufrieden noch unzufrieden. Im Haus der Knechte leben die erwartungslosen Stoiker, die „unfreien“ Angestellten.

Gottesbilder

Jesus möchte mit dem Gleichnis vom Vater und den zwei Söhnen den Menschen Mut machen, sich auf den Weg zurück ins Vaterhaus zu begeben.

Der jüngere Sohn, der im Haus der Fremde und im Haus der Schweine gelebt hat, macht sich nun auf den Weg nach Hause. Er hat erkannt, dass er keine Zukunft mehr hat und dass er auf ganzer Linie gescheitert ist. Er ist verloren. Verloren sein heißt abgeschnitten sein von allem Lebendigen, von Menschen wie von Gott. Wenn man dies erkennt, begreift man gleichzeitig, dass man nur Selbstzerstörung oder Selbstaufgabe zu erwarten hat, wenn man dem bisherigen Weg weiter folgt.

Als sich der jüngere Sohn auf den Weg macht, weiß er nicht, wie er im Haus des Vaters empfangen werden wird. Wird man ihn mit Steinen bewerfen und wegjagen? Wird man ihm einen Schlafplatz bei den Knechten seines Vaters zuweisen? Wird der Vater ihn mit Vorwürfen überhäufen? Oder wird er sich vielleicht doch ein bisschen freuen?

Ob und wie auch wir uns Gott nähern, hängt mit unserem Gottesbild zusammen. Wenn ich der Auffassung bin, dass der Gott, in dessen Richtung ich mich bewege, gefühllos auf die Dramen der Welt schaut und niemals eingreift, werde ich meine Situation schicksalsergeben betrachten. Ich werde denken: *Das ist eben mein Schicksal, mein Karma, das mir vorbestimmt ist.* Ein Mensch mit diesem Gottesbild richtet sich in der Situation ein und erwartet kaum noch bessere Tage. Er nimmt die Situation an, ohne zu rebellieren oder Gott infrage zu stellen. Ein solches Gottesbild finden wir in östlichen Religionen und im Islam wieder.

Wenn ich der Auffassung bin, dass der Gott, zu dem ich mich aufmache, wütend auf mich ist, versuche ich ihn durch ein kleineres oder größeres Opfer zu besänftigen. Dieses Gottesbild zeigt sich in vielen animistischen Religionen.

Die Römer haben dieser Haltung einen Namen gegeben: *Do ut des*: „Ich gebe, damit du gibst."[27] Diese Formel steht für eine Art Vertrag zwischen Menschen und Göttern. Auch die Beziehungen zwischen Menschen bestehen ja oft aus wechselseitigen Dienstleistungen und Aufgaben, und dieses Prinzip wird einfach auf die Mensch-Gott-Beziehung übertragen. Dazu jedoch später noch mehr.

Wenn ich (wie viele Europäer) davon ausgehe, dass Gott überhaupt nicht existiert, gibt es auch keine Richtung, in die ich mich aufmachen kann. Ich picke mir einfach aus den verschiedenen Weltreligionen und Weltanschauungen die Dinge heraus, die mir am sympathischsten sind. Daraus entsteht dann eine Art Patchwork-Gott, der hübsch bunt und schmerzlos ist und keine besonderen Ansprüche an mich stellt. Allerdings besteht der begründete Verdacht, dass ein Gottesbild, das ich mir selbst gebastelt habe, mir letztlich nicht viel weiterhelfen wird.

Der Prophet Jesaja schrieb ein Spottlied über solche selbstgemachten Götterbilder:

„Welche Verblendung, welche Unwissenheit! Die Augen dieser Götzendiener sind verklebt, sie sehen nichts! Ihr Herz ist abgestumpft, sie verstehen nichts! Keiner denkt einmal gründlich nach und sagt sich: ‚Einen guten Teil des Baumes habe ich zu Brennholz zerhackt. Über der Glut habe ich Brot gebacken, ich habe Fleisch gebraten und mich satt gegessen. Aus dem restlichen Holz schnitze ich nun so etwas Abscheuliches! Dieser Holzklotz soll mein Gott sein, vor dem ich mich niederwerfe?' Würde einer von ihnen einmal so weit denken, dann sähe er den Widersinn ein. Genauso gut könnte er die Asche des verbrannten Holzes anbeten! Sein Herz hat ihn verführt und betrogen. Er verspielt sein Leben und will nicht wahrhaben, dass er an einem Lügengebilde festhält“ (Jesaja 44,18–20; Hfa).

Das Bild, das wir von Gott haben, entscheidet darüber, in welchem Haus wir geistlich gesehen leben werden.

Die Theologie der Knechtschaft

Theologie ist die Lehre von Gott. Anthropologie ist die Lehre vom Menschen. Der Philosoph Ludwig Feuerbach hat in seiner Religionskritik die These aufgestellt: Alle Theologie ist Anthropologie. Er meint damit, dass der Mensch den Gedanken nicht erträgt, in einer kalten und unbarmherzigen Welt allein zu sein. Er will nicht akzeptieren, dass da draußen niemand ist.

Im ersten Buch der Bibel, Genesis bzw. 1. Buch Mose, heißt es, dass Gott den Menschen nach seinem Bild erschuf. Feuerbach kehrt diesen Satz um: Der Mensch schuf sich Gott nach seinem Bild. Seine Religionskritik besagt: Gott ist nur eine menschliche Vorstellung. Wenn jemand das braucht – in Ordnung. Wer ohne so etwas klarkommt – auch gut.

Richtig ist, dass jede Lehre von Gott vor dem Hintergrund eigener Erfahrungen entwickelt wurde. Die Theologie, die man lebt, wird in dem Umfeld entwickelt, in dem man sein Leben verbringt.

Jesus, der Sohn Gottes, kam aus dem Haus des Vaters. Er erzählte von einer Theologie der Freiheit, die Gott den Menschen anbietet. Er berichtete von einer Theologie der Freude, die der Vater empfindet, wenn ein verlorener Sohn oder eine verlorene Tochter zu ihm zurückfinden. Die Theologie Jesu ist eine Lehre, die aus dem Wesen Gottes entspringt, sie kommt wie der Sohn Gottes aus dem „Himmel“. Aus diesem Grund ist seine Lehre eine Offenbarungstheologie. Sie ist keine Projektion menschlicher Defizite und auch kein evolutionäres Produkt unserer Urängste.

Jede Theologie entstammt also dem Haus, aus dem man kommt. Die Theologie der Knechtschaft ist nicht im Himmel, sondern auf der Erde entstanden. Auch die meisten Religionen werden früher oder später zu Häusern der Knechte. Während eine religiöse Bewegung zu Beginn immer aus dem Geist geboren und von charismatischen Persönlichkeiten getragen ist, wird sie in den nächsten Generationen von Verwaltern kontrolliert. Der Dynamik folgt die Statik. Der Geist des Aufbruchs wird in Regeln und Ordnungen geklemmt. Durch die Hintertür kommt das römische Götzenopferprinzip des *Do ut des* herein: „Ich gebe, damit du gibst.“ Die Theologie der Knechtschaft, in der es um Dienst und Lohn geht, wird zementiert.

Der jüngere Sohn trifft eine Entscheidung: Er verlässt das Haus der Schweine. Doch wohin will er gehen? Zurück ins Haus des Vaters? Nein. Er will ins Haus der Knechte ziehen, er will ein Arbeiter, ein Tagelöhner werden. Ein Tagelöhner ist jemand, der morgens angeheuert wird und abends sein Geld bekommt. Er ist nicht fest angestellt, er hat keine soziale Absicherung, er weiß nicht, was morgen sein wird. Der jüngere Sohn sagt sich: „Ich will nur noch ein Knecht, ein Tagelöhner meines Vaters sein, denn ich bin es nicht mehr wert, sein Sohn zu sein. Ich habe die Güte meines Vaters verspielt. Selbst schuld!"

Selbstzerstörung und Selbstentwertung sind die Früchte, die im Haus der Knechtschaft geerntet werden.

„Let my people go"

Vor einigen Jahren war ich mit meiner Frau im Urlaub in Schweden. Unser Urlaubsort befand sich in der Nähe der Stadt Röros, einer ehemaligen Bergarbeitersiedlung, die zu einem Museum erklärt wurde, um sie für die Nachwelt zu erhalten.

Bei der Besichtigung des Bergwerkes erfuhren wir viel über die Arbeitsbedingungen der Bergleute im 18. Jahrhundert. Sie mussten nicht nur Schaufel und Hacke, Grubenlampe und Kleidung selbst erwerben, sondern auch jeden Morgen erklären, für wie viel (oder wenig) Geld sie bereit waren, unter Tage zu arbeiten. Um überhaupt Arbeit zu haben, unterboten sich die Kumpel gegenseitig und arbeiteten für wahre Hungerlöhne. Sie waren mehr oder weniger Sklaven. Sklaverei ist Arbeit ohne Lohn. Säen müssen, ohne ernten zu dürfen. Eine Meinung zu haben, die nie gefragt ist. Sklaverei bedeutet, dass einem Menschen alle Würde abgesprochen wird. Und Sklave zu sein bedeutet, dass man selbst seinen Wert mit seinem Kaufpreis gleichsetzt.

Seit mehr als 3.000 Jahren feiert das Volk Israel das Pessachfest: „Erinnere dich." Dieses Fest verankert eine große, kollektive Erinnerung in einem Fest der Befreiung, indem es den Auszug aus Ägypten vergegenwärtigt. Jede jüdische Familie hat die Aufgabe, weiterzugeben, warum sie selbst Juden sind und nach den Geboten Gottes leben: „Später werden euch eure Kinder fragen: ‚Warum hat der Herr, unser Gott, euch all diese Gesetze, Weisungen und Ordnungen gegeben?' Dann sollt ihr ihnen antworten: ‚Früher mussten wir als Sklaven für den Pharao in Ägypten arbeiten. Aber der Herr hat uns mit starker Hand befreit'" (5. Mose 6,20–21; Hfa).

Im 2. Buch Mose, Exodus, wird erzählt, wie die Nachfahren der Erzväter (Abraham, Isaak, Jakob), getrieben durch eine Hungersnot, ins fruchtbare Ägypten kamen, sich dort vermehrten und schließlich versklavt wurden. „So zwang man die Israeliten zur Sklavenarbeit und setzte Aufseher über sie ein. Sie mussten für den Pharao die Vorratsstädte Pitom und Ramses bauen" (2. Mose 1,11; Hfa).

Als die Unterdrückung zu hart wurde und die Kinder Israels zu Gott schrien, sandte er einen Retter, Mose: „Ich habe gesehen, wie schlecht es meinem Volk in Ägypten geht, und ich habe auch gehört, wie sie über ihre Unterdrückung klagen. Ich weiß, was sie dort erleiden müssen. Darum bin ich gekommen, um sie aus der Gewalt der Ägypter zu retten. Ich will sie aus diesem Land herausführen und in ein gutes, großes Land bringen, in dem Milch und Honig fließen. [...] Darum geh nach Ägypten, Mose! Ich sende dich zum Pharao, denn du sollst mein Volk Israel aus Ägypten herausführen!" (2. Mose 3,7–8.10; Hfa).

Dem Exodus, dem Auszug aus Ägypten, folgte der Einzug Israels in das von Gott versprochene Land, wo es zu einem großen und starken Volk wurde. Die weitere Historie Israels erzählt dann aber eine wechselhafte Geschichte von Freiheit und Unterdrückung. Jedes Mal, wenn sich das Volk Israel von „dem Herrn"[28] abwandte und fremden Göttern diente, kam es unter die Herrschaft eines anderen Volkes, was jedes Mal einen harten Tribut forderte.

Dieses alttestamentliche Schema scheint sich seither zu allen Zeiten überall in der Welt zu wiederholen: Statt den Gott der Freiheit wählt der Mensch immer wieder „pharaonische“ Personen und Strukturen.

Während das 2. Buch Mose vom Exodus und Israels Geschichte der äußeren Knechtschaft berichtet, erzählt das Gleichnis Jesu von der inneren Knechtschaft des Menschen. Der jüngere Bruder, der nichts mehr von seinem Vater wissen will, gerät unter die Herrschaft der Schweinebauern, die ihm nicht einmal mehr das nackte Leben lassen. Erst als er sich von den fremden Göttern abwendet und zum Vater zurückkehrt, wird er wieder frei.

Von dem beschwerlichen Weg aus der äußeren und inneren Knechtschaft erzählt auch das wohl bekannteste Spiritual „Let my people go“:

„When Israel was in Egypt's land;
Let my people go.
Oppressed so hard they could not stand;
Let my people go.
Go down, Moses,
Way down in Egypt's land.
Tell old Pharaoh,
Let my people go.“
(Musik/Text: Traditional)

Dieses Spiritual erinnert an die Befreiung des hebräischen Sklavenvolkes aus dem ägyptischen Frondienst und weckte bei den schwarzen Sklaven in den USA ebenfalls die Hoffnung auf Rettung und Befreiung.

Bei den erfolgreichen und freien Amerikanern ist eine ganz andere Art von Liedgut (der Choral) entstanden, dem der Schrei nach Gerechtigkeit und Freiheit vollkommen fehlt. Während Gospelmusik noch heute die Kirchen füllt, wecken Choräle eher museumsartige Assoziationen.

Nach dem Ende des amerikanischen Bürgerkrieges (1861–1865) wurde die Sklaverei rein rechtlich *ad acta* gelegt. Allerdings bewirkte die jahrhundertealte Praxis der Sklaverei, dass die alten Herrschaftsverhältnisse das Denken und die Lebensweise von vielen farbigen und weißen Amerikanern noch immer bestimmen. In den 50er Jahren des 20. Jahrhunderts war in den amerikanischen Südstaaten Rassentrennung in allen Bereichen des öffentlichen Lebens noch vollkommen normal.

Am 1. Dezember 1955 sagte die schwarze Näherin und Bürgerrechtlerin Rosa Parks jedoch „Nein!“, als man sie nach einem langen Arbeitstag aufforderte, im Bus aufzustehen, um einen für Weiße reservierten Sitzplatz freizumachen. Das Nein dieser Frau führte Amerika in den Kampf um die Bürgerrechte. Nach dem Boykott der Buslinien durch die farbige Bevölkerung und nach 382 Tagen gewaltlosen Widerstands hob am 21. Dezember 1956 ein hohes amerikanisches Gericht die Rassentrennung in den Bussen auf.

Der Widerstand wurde von dem charismatischen Baptistenprediger Dr. Martin Luther King angeführt. Inspiriert durch seinen Glauben an den Gott der Bibel, weckte er die schwarze Bevölkerung aus ihrer Tatenlosigkeit auf und bereitete sie darauf vor, aus dem Haus der Knechtschaft auszuziehen. Er nahm den Kampf gegen den „Pharao“ des Rassismus auf, bis er für die Machthaber eine solche Plage wurde, dass sie ihn (und später die rassistischen Gesetze) loswerden wollten.

Die amerikanische Bürgerrechtsbewegung hatte am 22. August 1963 ihren historischen „Marsch auf Washington“ gestartet. Unter Kings Führung erreichte dieser am 28. August 1963 sein Ziel, Washington. Am *Lincoln Memorial* versammelten sich rund 250.000 Menschen, darunter 60.000 Weiße, zu einer großen Kundgebung. King hielt unter riesigem Beifall seine unvergessliche Rede „I have a dream“, in der er vor den Menschen seine Vision von einer Gesellschaft ohne Rassenschranken ausbreitete:

„Ich habe einen Traum, dass sich eines Tages diese Nation erheben wird und die wahre Bedeutung ihres Glaubensbekenntnisses ausleben wird: ‚Für uns soll als selbstverständlich gelten: Alle Menschen sind als gleich geschaffen.‘
Ich habe einen Traum, dass eines Tages auf den roten Hügeln von Georgia die Söhne früherer Sklaven und die Söhne frü-

herer Sklavenhalter miteinander am Tisch der Brüderlichkeit sitzen können [...].“[29]

Martin Luther King wurde immer wieder als eine Art „moderner Mose“ bezeichnet, dessen Aufgabe es war, die schwarze Bevölkerung aus der rassistischen Sklaverei zu befreien und ihnen Zugang zum amerikanischen Traum zu verschaffen.

In seiner Rede forderte er nichts anderes als Mose lange vor ihm: „Let my people go!“ Die Kraft dieser Rede und die sichere Hoffnung, mit der King Gerechtigkeit und Gleichheit für alle amerikanischen Bürger forderte, erinnern tatsächlich an Mose, der zum Pharao nicht in seinem Namen und seiner Autorität, sondern im Namen eines Größeren geht und die Befreiung seines Volkes aus der Knechtschaft einfordert.

In seiner letzten Predigt am 3. April 1968, am Vorabend seiner Ermordung, mitten im aggressiv aufgeheizten Klima von Memphis, Tennessee, zog Martin Luther King eine Art Resümee seines bisherigen Weges:

„Was wird mir vonseiten einiger meiner kranken weißen Brüder zustoßen? Nun, ich weiß nicht, was jetzt passieren wird. Wir werden einige Schwierigkeiten vor uns haben. Aber das wird mich jetzt nicht so berühren, denn ich bin auf dem Gipfel des Berges gewesen. Ich mache mir keine Sorgen. Wie jeder von uns würde auch ich gerne ein langes Leben leben, Langlebigkeit hat ihren Wert. Aber darum mache ich mir jetzt keine Gedanken. Ich möchte nur Gottes Willen tun. Und er hat mir erlaubt, auf den Berg zu gehen. Und ich habe von dort hinübergesehen. Und ich habe das verheißene Land gesehen. Vielleicht werde ich nicht mit euch dorthin ziehen. Aber ich möchte euch heute Abend wissen lassen, dass wir als ein Volk das verheißene Land erreichen werden. Deshalb bin ich glücklich heute Abend, ich bedaure nichts, ich fürchte niemanden, meine Augen haben die Ankunft der Herrlichkeit des Herrn gesehen!“

In diesem Martin Luther King kommt uns ein befreiter Mann entgegen, der den Willen Gottes tut, indem er für die Freiheit des Nächsten eintritt. Seine innere Freiheit bewahrt er sich paradoxerweise durch seine innere Bindung und Verantwortlichkeit vor dem Gott, der schon das Volk Israel aus dem Haus der Knechtschaft in die Freiheit geführt hat. Statt Angst treibt ihn der Blick auf eine größere Zukunft an. Wenn er am Ende seines Lebens mit den Worten eines Liedes Resümee zieht und von der Herrlichkeit des Herrn spricht, die er gesehen hat, dann spricht er vom Haus des Vaters, in dem eine Wohnung für ihn bereitsteht.

Welches Resümee wir auch am Ende unseres Lebens ziehen, es wird davon geprägt sein, ob wir unser Leben im Haus der Knechtschaft, der Zwänge und des Egoismus verbracht haben ... oder ob wir die Freiheit der Kinder Gottes kennen durften.

Wer ist dein Herr?

Ich erinnere mich noch sehr gut an die „Pharaonen" in meinem Leben, die mir Angst machten, die mich infrage stellten und mir drohten, die mich lähmten, die mir im Traum und beim Aufwachen erschienen. Ich beriet mich mit Freunden und Fachleuten, wie ich mit meiner Furcht vor bestimmten Menschen und den Folgen einer Auseinandersetzung mit ihnen umgehen sollte. Wir versuchten, uns in die anderen hineinzuversetzen, erörterten Strategien und Verhaltensweisen, doch die innere Anspannung, die mich zum Knecht werden ließ, blieb bestehen.

Meine Frau fand schließlich eine Lösung für meine Situation: „Wer ist der Gott, dem du vertraust? Ist er stärker als der Pharao?"

Die Frage meiner Frau konfrontierte mich mit meinem schwächelnden Glauben, der gerade dabei war, in die Knie zu gehen. Aber ich erinnerte mich daran, dass der Gott, dem ich vertraute, nicht nur die Israeliten aus Ägypten befreit hatte, sondern auch mich schon viele Jahre ohne Ängste und Zwänge leben ließ. Ich erinnerte mich daran, dass Jesus auf

Hebräisch *Jehoschua* heißt, was bedeutet: „Gott rettet, Gott befreit". Und ich erinnerte mich daran, dass Gott größer ist als die Pharaonen dieser Welt. Die Erinnerung daran, wer der Gott ist, dem ich vertraue, setzte mich frei. Ich konfrontierte die „Pharaonen" und verließ das Haus der Knechtschaft.

Im Neuen Testament fordert der Apostel Paulus die Christen auf, ihren inneren und äußeren „Pharaonen" Widerstand zu leisten, indem sie sich vom Geist Gottes leiten lassen: „Alle, die sich vom Geist Gottes regieren lassen, sind Kinder Gottes. Denn der Geist Gottes führt euch nicht in eine neue Sklaverei; nein, er macht euch zu Gottes Kindern. Deshalb dürft ihr furchtlos und ohne Angst zu Gott kommen und ihn euern Vater nennen. Gottes Geist selbst gibt uns die innere Gewissheit, dass wir Gottes Kinder sind. Als seine Kinder aber sind wir – gemeinsam mit Christus – auch seine Erben" (Römer 8,14–17; Hfa).

In unserem Gleichnis wäre der zurückgekehrte Sohn mit einem Platz im Haus der Knechte zufrieden gewesen. Glücklicherweise ist der Vater damit nicht einverstanden und geht dem Sohn entgegen, um ihn in die Freiheit, in sein Haus zu führen. Auch Sie können sicher sein, dass Gott Sie nicht unterkühlt empfangen und Ihnen eine Pritsche im Gesindehaus zuweisen wird, wenn Sie zu ihm kommen – das ist nicht sein Stil. Er ist wie der Vater, der den Sohn sehnsüchtig erwartet hat und ihm entgegeneilt, um ihm alles zurückzuschenken, was er verspielt hat.

Die Tragik der Gerechten

Jetzt, im zweiten Teil des Gleichnisses, kommt der ältere Bruder ins Spiel:

„Inzwischen kam der ältere Sohn nach Hause. Er hatte auf dem Feld gearbeitet und hörte schon von weitem die Tanzmusik. Erstaunt fragte er einen Knecht: ‚Was wird denn hier gefeiert?' ‚Dein Bruder ist wieder da', antwortete er ihm.

‚Dein Vater hat sich darüber so gefreut, dass er das Mastkalb schlachten ließ. Jetzt feiern sie ein großes Fest.‘
Der ältere Bruder wurde wütend und wollte nicht ins Haus gehen. Da kam sein Vater zu ihm und bat: ‚Komm und freu dich mit uns!‘ Doch er entgegnete ihm bitter: ‚Wie ein Arbeiter habe ich mich all diese Jahre für dich geschunden. Alles habe ich getan, was du von mir verlangt hast. Aber nie hast du mir auch nur eine junge Ziege gegeben, damit ich mit meinen Freunden einmal hätte richtig feiern können. Und jetzt, wo dein Sohn zurückkommt, der dein Geld mit Huren durchgebracht und alles verprasst hat, jetzt gibt es gleich ein Fest, und du lässt sogar das Mastkalb schlachten!‘
Sein Vater redete ihm zu: ‚Mein Sohn, du bist immer bei mir gewesen. Was ich habe, gehört auch dir. Darum komm, wir haben allen Grund zu feiern. Denn dein Bruder war für uns tot, jetzt hat für ihn ein neues Leben begonnen. Er war verloren, jetzt hat er zurückgefunden!‘“ (Lukas 15,25–32; Hfa).

Der ältere Bruder ist ein „Knecht“ – derjenige, der immer „brav“ war, der seinem Vater gegenüber immer loyal geblieben ist, der immer hart gearbeitet hat. Er hat nie etwas gefordert, ist nie ausgebrochen. Er hat sich an die Regeln gehalten, er glaubte an das Naturgesetz von Saat und Ernte: „Wenn ich dem Vater diene, gibt es irgendwann den verdienten Lohn.“

Sein jüngerer Bruder hat nach seiner Überzeugung, nach dem Gesetz von Saat und Ernte, bei seiner Rückkehr keine Annahme und keine Vergebung zu erwarten. Er hatte sein Erbe verspielt. Seine Armut und Hoffnungslosigkeit waren die logische Konsequenz seines Handelns. „Jeder bekommt das, was er verdient“ – das ist die natürliche Theologie, die im Haus der Knechte herrscht.

Doch nun geschieht das Unerwartete: Der Vater jagt den jüngeren Sohn nicht fort, er äußert ihm gegenüber keinerlei Kritik, er erlegt ihm noch nicht einmal eine Bewährungszeit auf und verlangt keine Bußübungen. Der jüngere Bruder wird vom Vater mit einem Freudenfest willkommen geheißen und sofort neu als Sohn und Erbe eingesetzt.

Die innere Haltung des älteren Bruders tritt nun deutlich zutage. Sein Konflikt wird durch den Vater ausgelöst, der sich nicht an die vermeintlichen Regeln hält, der nicht nach dem Motto verfährt: „Ich gebe, damit du gibst." Während der Vater wie jemand handelt, der im Haus des Vaters wohnt – nämlich gnädig, großzügig und barmherzig –, scheint der Bruder zumindest geistig im Haus der Knechte zu wohnen und nicht verstanden zu haben, dass auch er Sohn und Erbe des Vaters ist; dass alles, was dem Vater gehört, auch sein ist. Der ältere Sohn will nur das, was ihm zusteht – den „gerechten" Lohn. Er verhält sich nicht wie ein Sohn und Erbe, dem ohnehin alles gehört; er verhält sich wie ein Knecht, der auf das pochen muss, was ihm als Lohn für seine Arbeit zusteht. Und er will, dass auch sein Bruder seinen „gerechten" Lohn bekommt – nämlich nichts, denn er hat ja sein Erbe bereits verschleudert.

Susanna Tamaro beschreibt in ihrem Roman „Anima mundi", wie „normal" die Reaktion des älteren Bruders im Gleichnis ist. Sie erzählt von einem Mann namens Andrea, der das Gleichnis mehrfach hört und schließlich explodiert:

„‚Das ist nicht gerecht!' – ‚Was ist nicht gerecht?', habe ich gefragt. ‚Dass die Söhne, die sich richtig verhalten haben, links liegen gelassen werden und bei der Umkehr des Übeltäters dann gleich ein großes Fest veranstaltet wird. Warum lehnen sie sich nicht dagegen auf? Warum jagen sie ihn nicht mit Fußtritten dahin zurück, woher er gekommen ist? Was soll das denn heißen? Dass es das Beste ist, sich schlecht zu benehmen?'"[30]

Andrea fasst in Worte, was jeder bei diesem Gleichnis empfindet: Das großzügige Handeln des Vaters ist ungerecht. Unverschämtes Verhalten und Gesetzlosigkeit werden also belohnt. Der mittellose Bruder bekommt ein zweites Erbteil vom Vater, welches sonst dem Älteren allein zugestanden hätte. Der jüngere Bruder hat die Güte des Vaters nun wirklich nicht verdient. Der ältere Bruder dagegen hat sich seinen Anspruch im Schweiße seines Angesichts erarbeitet. Dieser Anspruch wird nun bitter von ihm eingeklagt und er schleudert dem Vater seinen jahrelang angestauten Frust entgegen: „Du hast mir nie etwas gegeben, damit ich mit meinen Freunden feiern könnte!"

Der ältere Sohn wird zum Sprecher all derjenigen, die unter einem echten oder vermeintlichen Liebesdefizit leiden. Sie wollen sich Liebe erarbeiten und verdienen und deshalb können sie sich auch nicht über das anderen geschenkte Glück freuen.

Der ältere Bruder ist der tragische Treue. Treu ist er in seinem Handeln; er ist derjenige, auf den der Vater sich verlassen kann, weil er sich wie ein gehorsamer Sohn verhält. Tragisch ist er, weil er, der nichts riskiert hat, feststellen muss, dass er nichts bekommt, weil ihm schon alles gehört. Er hat das Erbe des Vaters nicht in Anspruch genommen und damit nicht wie ein Sohn, sondern wie ein Knecht gehandelt.

Der jüngere Bruder, der alles riskiert und verloren hat, bekommt sogar ein zweites Erbe. Der jüngere Bruder, der sich nicht sicher war, ob der Vater ihn nach seinem Exkurs überhaupt noch auf den Hof lässt, wird überwältigt von der grenzenlosen Freude und Liebe des Vaters.

Herz in Ketten

Henry Nouwen, ein katholischer Theologieprofessor, schreibt in seinem Buch „Nimm sein Bild in dein Herz" darüber, in welcher Weise er sich mit dem älteren Sohn identifiziert:

„Ich hatte mich überhaupt noch nie als den älteren Sohn verstanden; aber kaum hatte mir Bart diese Möglichkeit angedeutet, da schossen mir auch schon zahlreiche Ideen durch den Kopf. Es fing mit dem schlichten Umstand an, dass ich tatsächlich das älteste Kind in meiner Familie bin; ferner ging mir auf, dass ich bisher ein ziemlich pflichtbewusstes Leben geführt hatte. Schon mit sechs Jahren wollte ich Priester wer-

den und war nie von diesem Vorhaben abgewichen. Ich wurde in ein und derselben Kirche geboren, getauft, gefirmt und geweiht; ich hatte immer meinen Eltern, meinen Lehrern, meinen Bischöfen und meinem Gott treu gehorcht. Ich war nie von zu Hause weggelaufen, hatte nie Zeit und Geld an Sinnesfreuden verschwendet, mich nie in ‚Rausch und Trunkenheit' vergessen. Mein ganzes Leben lang war ich ein unauffälliger, angepasster und dem Zuhause verbundener Mensch gewesen. Aber trotz alledem mag ich in Wirklichkeit geradeso verloren gewesen sein wie der jüngere Sohn. Auf einmal sah ich mich in einem ganz neuen Licht. Ich sah meine Eifersucht, meine Verärgerung, meine Empfindlichkeit, Dickköpfigkeit und Störrigkeit, vor allem aber verschleierte Selbstgerechtigkeit. Ich sah, wie oft ich in Klagen und Selbstmitleid verfiel und wie sehr mein Denken und Fühlen von Verbitterung durchzogen war … Ich war ganz sicher der ältere Sohn, allerdings ganz genauso verloren wie sein jüngerer Bruder, auch wenn ich mein ganzes Leben ‚zu Hause' verbracht hatte."[31]

Friedrich Schiller hat das Gleichnis vom Vater und seinen zwei Söhnen in seinem Schauspiel „Die Räuber"[32] verarbeitet und dramatisch aktualisiert. In Schillers Drama geht es um den Grafen Maximilian Moor, der zwei sehr unterschiedliche Söhne hat. Der eine heißt Karl Moor. Er hat Ähnlichkeit mit dem jüngeren Sohn in unserem Gleichnis – auch er geht von zu Hause weg, überwirft sich mit dem Vater, stürzt sich ins pralle Leben, bis er, angeekelt vom bigotten, bürgerlichen Lager, wieder nach Hause will. Er schreibt einen Brief an seinen Vater mit der Frage, ob er willkommen sei.

Dieser Brief wird von seinem Bruder Franz abgefangen. Dieser wiederum hat viel mit dem älteren Bruder aus dem Gleichnis gemeinsam. Er ist der Sohn, der immer brav zu Hause bleibt, weil er es nicht wagt auszubrechen. Franz sieht den Bruder nur als Konkurrenten, den er aus dem Weg räumen will. Er unterschlägt Karls Brief und täuscht den greisen Vater, indem er diesem erzählt, dass sein geliebter Sohn den guten Namen des Vaters durch schreckliche Taten beschmutzt habe. Daraufhin verstößt der Vater Karl für immer. Als Karl erkennt, dass er keine Gnade bekommen wird, gibt er sich auf und wird zum gefürchteten Räuberhauptmann Karl Moor, der fortan das ganze Land unsicher macht.

Was haben der ältere Bruder im Gleichnis und Karl Moors Geschichte gemeinsam? Beide älteren Brüder verachten die scheinbare Schwäche des Vaters, seine Barmherzigkeit. Beide sind möglicherweise neidisch auf den jüngeren Bruder, weil der ein Leben geführt hat, das sie auch gern ausprobiert hätten, aber nicht zu leben wagten. Als moralisch Gerechte erheben sie sich über den „gefallenen" Bruder und verurteilen ihn. In beiden Fällen wird der zu Hause gebliebene Bruder zur tragischen Gestalt, die in ihrer Selbstgerechtigkeit vereinsamt. Er hat nun weder Bruder noch Vater. Weil er sich selbst für einen anständigen Kerl hält, kann ihm niemand etwas schenken. Sein „Lohn" ist dahin, von Gnade, Freude, Liebe ganz zu schweigen.

In einem Gleichnis geht es um das Vergleichen. Es geht um die Identifizierung mit einer Situation, einer Handlung oder einer Person. Während Jesus den Menschen seiner Zeit ein scheinbar harmloses Gleichnis erzählte, fanden die Hörer sich plötzlich als handelnde Personen eines aktuellen Dramas wieder. Sie waren zu verlorenen Söhnen, zu verbitterten Brüdern und zu barmherzigen Vätern geworden. Aus passiven Hörern wurden Akteure, die sich angenommen oder angeklagt fühlten.

Biblische Geschichten erlebt

Eine moderne Form, ein Gleichnis zu erleben, ist das sogenannte „Bibliodrama". Ein Bibliodrama ist eine Methode, wie man biblische Texte nicht nur mit dem Verstand, sondern mit all seinen Sinnen erleben kann.

Seit einigen Jahren führe ich Glaubensgrundkurse für kirchendistanzierte Menschen durch, bei denen wir auch solche Bibliodramen durchspielen. Zunächst lesen die Teilnehmer das Gleichnis vom Vater und den zwei Söhnen genau durch und vergegenwärtigen sich die Situation. Dann beginnen wir damit, uns zu einem Teil der Geschichte zu machen, indem wir uns in die Rollen der handelnden Personen hineinversetzen.

Verschiedene Rollen sind mehrfach zu besetzen, zum Beispiel die der Zuschauer. Sie sind die passiven Beobachter. Niemand muss etwas tun, was er nicht will. Dann gibt es die Knechte des Vaters, den Vater selbst, die älteren und die jüngeren Brüder. Jede Rolle wird geschlechtsunabhängig gespielt. Ich bitte die Gruppe dann, dieses Gleichnis selbstständig zu spielen, und greife nur ein, wenn es absolut notwendig ist.

Am Ende des Stückes frage ich jeden Einzelnen und jede Gruppe, was sie erlebt haben. Fast immer ist es so, dass die gespielte Szene die Dynamik des Gleichnisses ganz neu erfahrbar macht. Auch die „Zuschauer" sagen oft, dass das Gleichnis für sie lebendig wurde. Obwohl sie nur zuschauten, wurde der Wunsch in ihnen wach, wie der jüngere Sohn vom Vater in die Arme genommen zu werden oder vielleicht selbst wie der Vater zu handeln und Menschen so anzunehmen, wie sie sind.

Die „Knechte" sagten immer wieder, dass sie das Gefühl verspürten, keine Söhne beziehungsweise Töchter des Vaters zu sein. Sie bekamen Aufträge erteilt, mussten Dinge erledigen, ohne dass sich jemand die Mühe machte, ihnen etwas zu erklären. Sie sagten: „Weil ich Knecht war, tat ich nur, was man mir sagte. Nicht mehr und nicht weniger."

Der Knecht ist kein Sohn, dem alles gehört und der an allem beteiligt ist. Der Knecht empfängt einen Lohn für seine Arbeit, aber keine Zuneigung und keine Liebe und Würde. Alle Knechte waren sich einig, dass sie lieber keine Knechte sein wollten. Für einige war das auch der Augenblick des persönlichen Durchbruchs, in dem sie erstmals begriffen, dass ihr eigentlicher Platz nicht im Haus der Knechte, sondern im Haus des Vaters ist.

Die „Väter" sagten oft, dass sie, obwohl es nur ein Spiel war, sich wirklich darüber gefreut haben, dass die verlorenen Söhne nach Hause kamen. Sie spürten, wie ihr Herz vor Barmherzigkeit und Annahme überfloss.

Die jüngeren Brüder weinten zusammen mit den Vätern, weil sie erlebten, wie es ist, ohne Gegenleistung angenommen und geliebt zu werden.

Die älteren Brüder formulierten mehrfach, wie ungerecht sie es fanden, dass der Vater so viel Aufhebens um die jüngeren Brüder macht, wo sie doch die Arbeit des Jüngeren mit übernommen haben. Des Weiteren realisierten sie ihre eigene Entfremdung vom Vater, weil sie in ihrer Beziehung zu Gott oft mehr ein „Angestelltenverhältnis" und keine Vater-Sohn-Beziehung lebten.

Es gibt „Ältere-Bruder-Typen", die einem suchenden Menschen den Weg zum Haus des Vaters verbauen. Sie sind gnadenlos in ihrer Gerechtigkeit, sie *wollen* die jüngeren Brüder im Grunde gar nicht willkommen heißen. Wenn auch Sie die Erfahrung gemacht haben, dass andere Menschen Ihnen den Weg nach Hause schwergemacht haben, dann sage ich es Ihnen jetzt noch einmal ganz persönlich: Der Vater im Himmel wartet sehnsüchtig auf Sie!

Die Unberührbaren

In den meisten Religionen bekommen die Menschen einen Platz im Haus der Knechte zugewiesen. Wenn sich Menschen dort niederlassen, denken und empfinden sie irgendwann, dass dies auch wirklich der angemessene Platz für sie sei, und handeln entsprechend.

In Asien entwickelte sich die Lehre von der immer neuen Reinkarnation („Wieder-Fleisch-Werdung") des Menschen in unterschiedlichen Ausprägungen. Sie besagt im Wesentlichen, dass ein Mensch so lange immer wieder zur Welt kommt, bis er nach Millionen von erfolgreichen Reinkarnationen endlich nicht mehr wiedergeboren werden muss, sondern ins Nirwana („die erlöschende Flamme") eingeht. Das Nirwana ist das Nichts. Der Mensch hat sich dann durch gutes Handeln selbst aus dem unendlichen Kreislauf der Reinkarnationen erlöst.

Die Lehre von der Reinkarnation besagt ebenfalls, dass

das Handeln des Menschen in einem Leben die Form seiner nächsten Wiedergeburt bestimmt. Wenn man das Leben bravourös gemeistert hat, dann steigt man auf, vielleicht bis in die Priesterkaste der Brahmanen. Wenn das Leben nicht gelang (und dazu genügt schon der einmalige Ungehorsam einer Frau gegenüber ihrem Mann oder der versehentliche Tritt auf ein Krabbeltier), dann steigt man ab. Je nach Schwere des Vergehens bis hinab in die Kaste der Unberührbaren, der *Dalits*.

Jeder Inder weiß, dass jemand, der als Sohn oder – schlimmer noch! – als Tochter oder im übelsten Fall als Behinderter in die Kaste der *Dalits* hineingeboren wird, in seinem vorherigen Leben völlig versagt haben muss. Deshalb gibt es kein Mitleid und keine Gnade für *Dalits*. Sie sind unberührbar. Sie arbeiten als Toilettenputzer und Straßenreiniger. Manche der Unberührbaren entwickeln sogar selbst ihre Stellung noch weiter nach unten. Sie gehen nur noch rückwärts und verwischen dabei mit einem Besen ihre eigenen Spuren. Sie sind in den Augen der anderen und in ihren eigenen Augen ein Nichts und es nicht einmal wert, die geringsten Spuren zu hinterlassen.

Das Kastensystem kennt keine Barmherzigkeit, keine Gnade, keine Erlösung von außen. Die Vorstellung einer Reinkarnation ist vergleichbar mit den Gesetzen von Saat und Ernte: Was du in diesem Leben säst, das wirst du im nächsten Leben ernten. In diesem System gibt es kein Haus des Vaters, keinen liebenden Patriarchen, der seinem verzweifelten Sohn freudig entgegenrennt. Es gibt keine Vergebung, keine Annahme aus Gnade und kein Freudenfest, wenn ein Sohn zurückkehrt. Es gibt nichts, das das Schicksal ändern könnte.

Dem System der Wiedergeburt folgend, würde der jüngere Sohn als *Dalit* und der ältere Sohn als Brahmane reinkarniert werden. Jeder bekommt, was er verdient. Die Theologie der Knechte bringt deshalb keine Barmherzigkeit hervor. Wenn man das Los der Armen verbessern wollte, würde man gegen deren Karma handeln, und dies würde nur zu neuen Wiedergeburten führen. Jede Lehre bringt eine Praxis hervor und die Theologie der Knechte führt in der Praxis zur Sklaverei.

Obwohl der Westen mehrheitlich vom christlichen Glauben geprägt ist, der keine Selbsterlösungsreligion ist, sondern von der Erlösung durch Jesus Christus ausgeht und Gnade und Barmherzigkeit lehrt, neigen auch wir ständig dazu, Menschen ins Haus der Knechte einzukasernieren.

Der Volksmund sagt: „Kleine Sünden straft der Herr sofort, bei großen Sünden dauert es etwas länger." In diesem Satz steckt die ganze Theologie vom Haus der Knechte. Jeder bekommt, was ihm gebührt. Wer Böses getan hat, wird bestraft, wer Gutes getan hat, empfängt eine Belohnung.

Dieses System spiegelt sich in der katholischen Beichte beim Umgang mit den kleinen Sünden wider: Bist du deiner Mutter gegenüber ungehorsam gewesen, hast du Geld aus der Brieftasche deines Vaters genommen? Nach der Absolution des Priesters kommt noch ein bisschen Bußleistung hinterher, die aus drei Vaterunser und zehn Ave Maria besteht. Das Gebet verkommt zur Strafarbeit und damit zur schlechten Erinnerung. Die Folge ist, dass viele Menschen nicht mehr beten.

Bei größeren Sünden konnte man im Mittelalter durch eine Ablasszahlung an die Kirche angeblich dem Fegefeuer der Hölle entgehen. Und wenn man keinen Ablass für seine Vergehen bekommen konnte, dann musste man einige Ewigkeiten leiden, bis man seine Schuld abgebüßt hatte.

Auch hier finden wir das Prinzip von Saat und Ernte wieder. Die Theologie, die im Haus der Knechte herrscht, wurde in vielen Ländern zur Volksreligion erhoben, auch wenn das Volk sich eigentlich schon längst von der Religion emanzipiert hat. Der französische Philosoph Jean-Jacques Rousseau behauptete u. a. aus diesem Grund: „Das Christentum predigt nur Knechtschaft und Unterwerfung."[33]

Wer geistig und geistlich gesehen im Haus der Knechte lebt, handelt wie ein Knecht. Er tut, was man ihm sagt. Er erwartet nicht mehr als nur seinen Lohn. Er hat nur wenig eigene Würde. Wer denkt, dass er ein Knecht sei, wird auch andere wie Knechte behandeln. Er kann nicht großzügig sein, und er wird dem anderen keine Würde zuerkennen, sondern nur Belohnungen für erwünschtes Verhalten verteilen.

Jeden Tag geben Frauen in Deutschland und anderswo Sex für Zärtlichkeit und Männer Zärtlichkeit für Sex. *Do ut des* – „Ich gebe, damit du gibst“: Das sind die Beziehungsmuster, die im Haus der Knechte gelten. Sie entspringen nicht der überströmenden, befreienden, bedingungslosen Liebe, die im Haus des Vaters regiert, sondern dem berechnenden Lohngedanken, der das Haus der Knechte dominiert.

Gewissensfragen

Zwei provozierende Sätze beschäftigen mich immer, wenn es um Schuld und Sühne geht. Der erste lautet: „Sein Gewissen war rein – er benutzte es nie“ (unbekannter Autor). Den zweiten Satz hat Jesus in der Bergpredigt formuliert: „Selig sind, die reinen Herzens sind; denn sie werden Gott schauen“ (Matthäus 5,8; LÜ).

Wenn nur diejenigen, die ein reines Herz haben, Gott sehen werden, dann befürchte ich, dass Gott im Himmel ganz schön einsam sein wird. Das Problem ist, dass viele von uns gar nicht mehr wahrnehmen, dass sie schuldig geworden sind. Abgesehen von Menschen, deren Schuld sehr offensichtlich ist, kommt heute ja kaum ein Mensch auf die Idee zu bekennen: „Ich habe gesündigt!“ Der Theologe Paul Schütz hat einmal treffend angemerkt: „Gott ist einsam geworden. Es gibt keine Sünder mehr.“

Wir sagen heute: „Na, gut, ich habe einen Fehler gemacht, aber ich stehe dazu!“ Zu seinen Fehlern zu stehen bedeutet, sie zuzugeben. Das heißt, positiv gesehen, Verantwortung für sein Tun zu übernehmen und Wiedergutmachung zu betreiben. Aber oft können wir nichts wiedergutmachen. Manchmal zerbricht so viel, dass es nicht mehr zu kitten ist. Zurück bleiben Verlierer und schuldig gewordene, zerbrochene und verletzte Menschen.

Um es in aller Deutlichkeit zu sagen: Wer an einem Menschen schuldig wird, der nach Gottes Bild geschaffen wurde, der ist auch an Gott schuldig geworden. Jedes Mal, wenn wir

Menschen verletzen, verletzen wir Gott. Jedes Mal, wenn wir Menschen, die Gott liebt, verachten, dann verachten wir Gott. Dies ist der entscheidende Grund, warum jeder von uns ohne Ausnahme an Gott und Menschen schuldig wird. Und das betrifft mich genauso wie Sie.

Wenn das stimmt, dann benötigt jeder von uns Gottes Vergebung, dann braucht jeder von uns göttliche Amnestie, dann muss unsere Schuld abgewaschen werden, damit wir vor Gott und den Menschen mit reinem Gewissen dastehen können.

„Der Herr schaut vom Himmel auf die Menschen. Er will sehen, ob es wenigstens einen gibt, der einsichtig ist und nach seinem Willen fragt" (Psalm 14,2; Hfa). Einer, der nach Gott fragt, ist der Sänger Xavier Naidoo. Als er das letzte Buch der Bibel las, die Offenbarung des Johannes, erlebte er eine wirkliche Begegnung mit Gott und entwickelte einen von jeglicher Kirche unbeeinflussten, ziemlich unorthodoxen Glaubensstil. Sein Song „Vielleicht" bringt die Tragödie des modernen Menschen sehr anschaulich auf den Punkt. Xavier Naidoo sagt darin, dass er seine Schuld so lange trägt, bis sie ihm von Gott vergeben wird. Er weiß, dass alles darauf ankommt, dass die Beziehung zwischen ihm und Gott nicht durch unvergebene Schuld unterbrochen ist.[34]

Die Bibel warnt den Menschen: „Freilich werden immer wieder Leute behaupten, sie hätten das nicht nötig, sie seien frei von aller Schuld. Wer so etwas sagt, betrügt sich selbst. In ihm ist kein Fünkchen Wahrheit. Wenn wir aber unsere Sünden bereuen und sie bekennen, dann dürfen wir darauf vertrauen, dass Gott seine Zusage treu und gerecht erfüllt: Er wird unsere Sünden vergeben und uns von allem Bösen reinigen" (1. Johannes 1,8–9; Hfa).

Wir leben heute in einer Gesellschaft, die fast jegliches Fragen nach Gott durch Ablenkung und Konsum verdrängt hat. Wir leben, als ob Gott ein harmloser Greis sei, der handlungsunfähig im Altersheim sitze. Deshalb löst Luthers Frage: „Wie bekomme ich einen gnädigen Gott?", bei uns nicht viel mehr aus als ein Achselzucken, denn wir empfinden uns nicht mehr als Sünder.

Der jüngere Sohn bekennt: „Vater, ich habe vor dir und Gott gesündigt." Wer aber nicht erkennt, wie weit er im Grunde von Gott entfernt ist, und wer nicht erkennt, dass er schuldig geworden ist – an Gott und den Menschen –, dem ist es nicht nur unmöglich, ein solches Bekenntnis zu sprechen – er würde es nach allem, was wir bislang gesehen haben, sogar als Rückfall in eine Theologie der Knechte bezeichnen.

Was sollte also jemand tun, der so empfindet? Er sollte sich ebenfalls ins Haus des Vaters aufmachen. Denn das ist das letztendliche Ziel. Ob er sich für einen Sünder oder für einen Gerechten hält, ist zunächst einmal nicht entscheidend. Der Vater geht dem jüngeren Bruder ja genauso entgegen wie dem älteren. Er nimmt den sich als Sünder Empfindenden ohne Vorwürfe in den Arm und lädt den sich als gerecht Erlebenden ebenso bedingungslos ein, am großen Freudenfest teilzunehmen.

Wie auch immer Sie sich jetzt selbst sehen – der Vater geht Ihnen entgegen. Er will nicht, dass Sie das Haus der Knechtschaft als ständigen Wohnsitz akzeptieren und sich mit einem Angestelltenverhältnis zufriedengeben.

Begegnungen und Entscheidungen

Jesus mutet jedem einzelnen Menschen volle Entscheidungsfreiheit zu. Jeder von uns trifft ständig Entscheidungen. Viele davon haben langfristige Folgen. Ob und wen wir heiraten ist beispielsweise eine sehr folgenreiche Entscheidung. Wenn jemand ein Haus bauen will, muss er alles gut durchkalkuliert haben, damit er auch langfristig die Kredite zurückzahlen kann. Eltern treffen die Entscheidung, auf welche Schule ihre Kinder gehen sollen. Politiker treffen Entscheidungen, an denen ein ganzes Volk leidet oder von denen es profitiert. Frauen treffen die Entscheidung, ob sie ein ungewolltes Kind zur Welt bringen oder abtreiben lassen. Und oft wünschten wir uns, eine bereits vollzogene Entscheidung noch einmal neu treffen zu können.

Im Neuen Testament wird von vielen Begegnungen berichtet, die eine freie und mutige Entscheidung fordern.

Jesus war mit seinen Jüngern in ganz Israel unterwegs. Wenn er zu sprechen begann, dann hörten die Menschen zu, weil er etwas zu sagen hatte und weil er mit Vollmacht lehrte und nicht nur Tradition, sondern Leben weitergab. Die meisten Menschen hören heute politischen und kirchlichen Repräsentanten nicht mehr zu, weil die Art und Weise und der Inhalt ihrer Reden so austauschbar und nichtssagend geworden ist. Wenn aber jemand wirklich etwas zu sagen hat, dann wird im suchenden Menschen etwas wach, das ihn dazu veranlasst zuzuhören.

Als Jesus in einer kleinen Ortschaft am Jordan gepredigt hatte und seinen Weg fortsetzen wollte, kam es zu einer existenziellen Begegnung: „Als Jesus weitergehen wollte, lief ein junger Mann auf ihn zu, warf sich vor ihm auf die Knie und fragte: ‚Guter Lehrer, was muss ich alles tun, um ganz sicher das ewige Leben zu bekommen?‘“ (Markus 10,17; Hfa).

Das Erste, was hier auffällt, ist die Tatsache, dass diese Frage heute nicht mehr in dieser Weise gestellt würde: „Was muss ich alles tun, um ganz sicher das ewige Leben zu bekommen?“ Heute würde ein Mensch wohl eher fragen: „Was muss ich tun, um ein erfülltes, ein glückliches, ein reiches, ein gelingendes Leben zu bekommen?“

Der junge Mann war wahrscheinlich so um die 20. Er erkannte: Dieser Jesus hat etwas zu sagen und er etwas zu lernen. So spricht er ihn höflich mit „guter Lehrer“ an.

„Jesus entgegnete: ‚Weshalb nennst du mich gut? Es gibt nur einen, der gut ist, und das ist Gott. Du kennst doch seine Gebote: Du sollst nicht töten! Du sollst nicht die Ehe brechen! Du sollst nicht stehlen! Du sollst nicht schlecht über andere reden! Du sollst nicht betrügen! Achte deinen Vater und deine Mutter!“ (Markus 10,18–19; Hfa).

Auf die Frage des Mannes antwortete Jesus wie ein Rabbi, ein geistlicher Lehrer der damaligen Zeit. Er gab die traditionelle

Antwort mit dem Hinweis auf die Gebote. Darauf antwortete der junge Mann: „Lehrer, an diese Gebote habe ich mich schon als Kind gehalten.“

Das könnten wohl die wenigsten von uns behaupten – dass sie alle Gebote Gottes von Kindheit an gehalten haben. Der junge Mann war mit der Antwort von Jesus nicht ganz zufrieden. Reichte das Einhalten der Spielregeln wirklich, um in den Genuss des ewigen Lebens zu kommen? War das genug?

Jesus merkte: Hier war jemand, der nicht mit einer einfachen Antwort zufrieden war. Jemand, der glaubte, dass dieses Leben nicht alles und mit ihm nicht alles zu Ende ist. Da war jemand, der sich nach dem ewigen Leben sehnte. Er war ein Suchender, niemand, der sich von einem Tag zum nächsten treiben ließ und schließlich sterben würde, ohne einmal über sich und seine Ewigkeit nachgedacht zu haben.

In unserer Geschichte kommt nun ein merkwürdiger Satz. Nachdem der junge Mann gesagt hatte, dass er alle Gebote von Kindheit an gehalten habe, heißt es: „Jesus sah ihn voller Liebe an.“ Ich glaube, dass Jesus ihn voller Liebe ansah, weil er spürte: Dieser Mann will mehr als nur ein bisschen religiös sein. Er will nicht nur die Mindestanforderungen erfüllen, sondern wirklich leben!

Vermutlich erlebte Jesus fast täglich solche Begegnungen wie mit diesem jungen Mann. Zweifellos haben ihn viele gefragt: „Wie komme ich in den Himmel?“, und wahrscheinlich hat er oft mit dem Hinweis auf die Zehn Gebote geantwortet. Dann konnte er schnell feststellen, ob es dem Fragenden wirklich um mehr ging als um ein „religiöses Versicherungspaket“. Denn unter Umständen war Jesus für den Betreffenden nur eine Art Versicherungsvertreter, der ein geistliches Rundum-sorglos-Paket anzubieten hat: „Was kostet mich die geistliche Vollkasko-Versicherung?“ Die traditionelle Antwort lautet dann: „Halte die Gebote, dann hast den vollen Versicherungsschutz, und als Prämie bekommst du das ewige Leben zugeteilt.“

Aber in diesem Fall war es anders. Jesus sah diesen jungen Mann liebevoll an, weil er erkannte, dass dieser wirklich mehr wollte als religiöse Sicherheit.

Dann stellte Jesus ihn vor eine Entscheidungssituation und drang durch eine echte Herausforderung in eine tiefere Schicht der wirklichen Motivation vor. Er nahm den jungen Mann ernst und wollte wissen, ob er wirklich bereit war, alles zu tun, um das ewige Leben zu bekommen.

Jesus schaute also den jungen Mann liebevoll an und sagte zu ihm:

„Eins fehlt dir noch: Verkaufe alles, was du hast, und gib das Geld den Armen. Damit wirst du im Himmel einen Reichtum gewinnen, der niemals verloren geht. Und dann komm und folge mir nach!“ Über diese Forderung war der Mann tief betroffen. Traurig ging er weg, denn er war sehr reich“ (Markus 10,21–22; Hfa).

Wer ernsthaft fragt, der bekommt auch ernsthafte Antworten. Wer Gott ernst nimmt, wer die Ewigkeit mit Gott verbringen will, wer den Willen Gottes ernsthaft tun will, den nimmt Gott ernst – und dem antwortet er auch.

In vielen Menschen erwacht irgendwann ein Hunger nach Gott, eine Sehnsucht nach ewigem Leben. Aber erst, wenn sie Jesus begegnen, stellt sich heraus, ob sie wirklich ihr Leben ändern wollen oder nicht.

Jesus hatte den jungen Mann liebevoll angeschaut und gesagt: „Eins fehlt dir noch: Verkaufe alles, was du hast, und gib das Geld den Armen. Und folge mir nach.“

Was für eine Antwort: „Verkaufe alles, was du hast, gib dein Geld den Armen und schließe dich einer Bande umherwandernder Sonderlinge an.“ Übrigens, einer mit falschen Motiven, ein moderner Guru, hätte gesagt: „Verkauf alles, was du hast, und überweise den Betrag auf mein Konto, dann kommst du in den Himmel!“

Doch an der Reaktion des jungen Mannes konnte Jesus ablesen, dass diesem sein Geld und seine vermeintliche Sicherheit mehr wert waren, als er vermutlich selbst gedacht hatte. Wer Jesus wirklich nachfolgen will, der muss bereit sein, alles loszulassen, an das er sich klammern will.

In unserer Erzählung traf der junge reiche Mann eine Entscheidung: Er ging traurig weg. Mit dieser Antwort hatte er nicht gerechnet und sein Vermögen wollte er nicht aufgeben. Er wandte sich ab von dem, der so viel von ihm verlangt hatte – zu viel, wie er fand. Aber er ging auch weg von einem, der ihn liebte.

An seine Jünger gewandt, kommentierte Jesus nun: „Wie schwer ist es doch für einen Reichen, in das Reich Gottes zu kommen!"

Reich zu sein bedeutet, dass ich etwas habe, das mich daran hindert, Jesus nachzufolgen. Sehr oft handelt es sich dabei um Geld, „denn wo dein Schatz ist, ist auch dein Herz". Es kann aber auch mein „reicher" Verstand sein, der mir sagt: *Diese Botschaft ist mir zu einfach*. Manche Menschen sind auch reich an Bequemlichkeit – nichts und niemand bringt sie dazu, den Platz auf dem Sofa zu verlassen. Sie erleben höchstens noch ein Leben aus zweiter Hand vor dem Fernseher.

Eine andere Form von Reichtum, die manch andere hindert, ist die eigene Karriere; sie haben einfach keine Zeit, Jesus zu folgen. Wieder andere sind so reich an Stolz, dass sie niemandem außer ihrem eigenen Ego folgen würden. Es gibt so vieles, was einen daran hindern kann, zu Jesus zu kommen.

Ich glaube, der junge Mann war nicht nur traurig, sondern wirklich verzweifelt. Er hatte mit sich gerungen, als er diese unglaubliche Aufforderung Jesu hörte: „Verkauf alles, was du hast, und gib es den Armen!" Sein ganzes Lebenskonzept wäre dadurch auf den Kopf gestellt worden. Er rang mit sich: „Das wäre doch verrückt! Ich kann das nicht! Oder vielleicht doch? Nein, das ist einfach zu viel verlangt!" Im Ohr hatte er noch die Stimme Jesu: *Etwas fehlt dir noch. Lass los, was dich festhält, und dann komm mit mir! Vertrau mir, dass es dir an nichts fehlen wird.*

Die Frage nach dem ewigen Leben blieb für den reichen Mann unbeantwortet. Er war bereit, sehr vieles zu tun – aber eben nicht alles. Der Preis war ihm zu hoch. Auch in den Ohren von uns wohlhabenden Mitteleuropäern klingt die Antwort Jesu etwas schrill: *Etwas fehlt dir noch. Lass los, was dich festhält ... Ich kann es dir nur raten, wenn du wirklich frei sein und wahres Leben finden willst – aber die Entscheidung liegt bei dir.*

Von Kamelen und Nadelöhren

Nachdem der junge Mann traurig weggegangen war, wandte Jesus sich seinen Jüngern zu und tat seinen berühmten Ausspruch: „Es ist leichter, dass ein Kamel durch ein Nadelöhr geht, als dass ein Reicher ins Reich Gottes kommt."

Darüber erschraken die Jünger noch mehr und sie fragten sich: „Wer kann dann überhaupt gerettet werden?" Jesus sah sie ernst an: „Für Menschen ist es unmöglich, aber nicht für Gott. Bei ihm gibt es kein ‚Unmöglich'."

Unmöglich ist es nicht, in den Genuss des ewigen Lebens zu kommen. Jesus hat das Unmögliche möglich gemacht. Gott hat sich hundertprozentig für uns entschieden. Jesus musste sich entscheiden, für uns zu sterben, was ihm alles andere als leichtgefallen ist. Vor seinem Tod bat er seinen Vater, ihm einen anderen Weg als den Gang ans Kreuz aufzuzeigen. In der Bibel steht, dass er vor Verzweiflung und Angst Blut und Wasser schwitzte. Er flehte Gott an: „Vater, gibt es eine andere Möglichkeit?" Doch die Antwort war: „Nein, die gibt es nicht."

Aber Jesus ging nicht traurig weg wie der reiche Mann, dessen irdischer Reichtum ihm mehr bedeutete als der verheißene Schatz im Himmel. Prophetisch hat Jesus über sich gesagt: „Wer sein Leben um jeden Preis erhalten will, der wird es verlieren, aber wer sein Leben für mich einsetzt, der wird es für immer gewinnen" (Matthäus 16,25; Hfa).

Jesus selbst gab sein Leben für uns auf und gewann es in der Auferstehung wieder. Jesus, der Sohn Gottes, hat sich ganz bewusst für uns entschieden und uns den Weg zum ewigen Leben wieder freigemacht. Deshalb sagt er mit Fug und Recht über sich selbst: „Ich bin der Weg und die Wahrheit und das Leben; niemand kommt zum Vater, es sei denn durch mich" (Johannes 14,6; Hfa).

Jim Wallis ist ein amerikanischer Pastor und Schriftsteller, der sich dafür entschieden hat, das Leben der Benachteiligten und Armen dieser Welt zu teilen. Er schreibt in seinem Buch „Bekehrung zum Leben“:

„Ich predigte besonders gern in reichen Gemeinden über den reichen Jüngling und machte ihnen ein schlechtes Gewissen und etwas Angst. Dann pflegte ich den reichen Christen zu sagen: Verkauft, was ihr habt, gebt es den Armen ... und schreibt mir eine Postkarte, was dabei herausgekommen ist.“[35]

Dann erkannte er, dass diese Botschaft für Menschen, die unter der Herrschaft ihrer Besitztümer standen und vielleicht noch stark verschuldet waren, einfach nur unbarmherzig war. Denn Jesus hätte den reichen jungen Mann mit dieser Herausforderung nicht alleingelassen. Er hatte zu ihm gesagt: „Dann komm und folge mir nach!“

Wenn Jesus jemanden dazu aufruft, etwas zu opfern, das einen zu großen Raum in dessen Leben einnimmt, lässt er denjenigen danach nicht im Regen stehen, sondern er lädt ihn gleichzeitig in seine Gemeinschaft ein. Er sagt: „Ich würde mich freuen, wenn du dein Leben und deine Sachen packst, um alles mit uns zu teilen. Komm und erlebe die neue Sicherheit, die wir darin gefunden haben, gemeinsam Gott zu vertrauen. Du wirst bei uns Leute treffen, die dir sehr ähnlich sind. Leute mit Ängsten und Problemen und komplizierten Lebensgeschichten, die gemeinsam lernen wollen, anders zu leben. Freunde, die dich an die Hand nehmen, um gemeinsam mit dir Neues zu erleben.“

Doch Gott drängt uns nicht ins ewige Leben hinein. Er drückt uns auch nicht in seine Nachfolge. Er zwingt uns nicht zu unserem Glück. Wir müssen selbst entscheiden, ob wir es mit ihm wagen wollen. Eines aber ist sicher – er hat sich hundertprozentig für uns entschieden.

Selbstgespräche

Als der jüngere Sohn auf dem Weg zu seinem Vater ist, hat er viel Zeit, alles Geschehene zu reflektieren. Er ist mit sich selbst, mit seiner Geschichte und mit seinem Vater im Gespräch:

„Da kam er zur Besinnung: ‚Bei meinem Vater hat jeder Tagelöhner mehr als genug zu essen, und ich sterbe hier vor Hunger. Ich will zu meinem Vater gehen und ihm sagen: Vater, ich bin schuldig geworden an Gott und an dir. Sieh mich nicht länger als deinen Sohn an, ich bin es nicht mehr wert. Aber kann ich nicht als Tagelöhner bei dir bleiben?‘ Er stand auf und ging zurück zu seinem Vater“ (Lukas 15,17–19; Hfa).

Das Ergebnis des Selbstgesprächs ist ein klares Schuldbekenntnis ohne Schuldzuweisung an dritte Personen. Der Sohn übernimmt die alleinige Verantwortung für sein Handeln und Scheitern und hofft, dass der Vater ihm eine Möglichkeit gewährt, sein Überleben zu sichern. Um die verschiedenen Ebenen des Gleichnisses hervorzuheben, möchte ich einen psychotherapeutischen Blick auf dieses Bekenntnis werfen.

Weil der jüngere und der ältere Sohn den Vater nicht wirklich kennen, interpretieren sie ihr Leben auf der Grundlage der Denkmuster der Knechtstheologie. Der jüngere Sohn will zurück, er muss zurück, er muss kapitulieren und sich und seinem Vater eingestehen, dass er es nicht geschafft hat. Der Vater erscheint ihm als letzte Rettung.

Ihm ist klar, dass er nicht einfach zurückkommen und mit einem lockeren Spruch einlaufen kann: „Hallo, Papa, da bin ich wieder. Sorry, dass ich so lange nichts von mir habe hören lassen. Tja, mein Ding hat nicht so ganz geklappt, aber insgesamt war es doch eine gute Zeit. Und wie ist es dir so ergangen? Was macht mein Bruder, der alte Streber?“

Im ersten Teil des Selbstgesprächs hören wir ein klares und eindeutiges Schuldbekenntnis: „Ich bin schuldig geworden.“ Im zweiten Teil kommt die Selbstentwertung: „Ich bin es nicht mehr wert, dein Sohn zu sein." Und als Drittes folgt die Selbstbestrafung: „Kann ich nicht wenigstens einer deiner Tagelöhner sein?"

Der jüngere Sohn denkt wie ein Knecht, der nicht getan hat, was sein Herr von ihm erwartete, und der nun in Erwartung der gerechten Strafe zittert. Er denkt wie ein Projektmanager, der seinen Zeitplan nicht eingehalten hat und nun eine Konventionalstrafe zu befürchten hat. Er denkt wie ein Ehepartner, der einen Treuebruch begangen hat und sich nun überlegt, was er wie sagen muss, um einigermaßen glimpflich davonzukommen.

Die Theologie der Knechte rechnet mit Strafe. Der Gott der Knechte ist ein Gott, der zur Umkehr *zwingt*. Er ist der Richter, vor dem sich der Mensch möglichst klein und demütig macht, um ihn milde zu stimmen.

Die Psychotherapie hat im vergangenen Jahrhundert auf dieses verzerrte Gottesbild reagiert und es (mit Recht!) als krankmachend gebrandmarkt. Der Titel von Tilmann Mosers Autobiografie „Gottesvergiftung"[36] steht stellvertretend für das, was viele Menschen denken und empfinden. Richtig ist, dass einseitige Gottesbilder krank machen. Falsch ist, dass wir nicht schuldig werden. Menschen werden ständig aneinander schuldig, weil sie konkrete Schuld auf sich laden.

Als Paula schwanger wurde, war sie bereits seit vier Jahren drogenabhängig. Sie nahm Drogen vor, während und nach der Schwangerschaft. Wenn sie *high* war, verlor sie jedes Gefühl für Verantwortung. Wenn ihr Baby schrie, reagierte sie nicht. Als das Kind sie brauchte, war sie nicht ansprechbar. Zwei Jahre später wurde sie *clean* und hatte seit dieser Zeit massive Schuldgefühle, denn ihr wurde mehr und mehr bewusst, was sie ihrem Kind angetan hatte.

Ich lernte Paula kennen, als sie schon eine ganze Weile *clean* war. Ich erzählte ihr das Gleichnis vom Vater und seinen beiden Söhnen, die ich in diesem Fall Töchter nannte. Sie konnte sich sofort damit identifizieren und sagte: „Ich bin eine verlorene Tochter; das Haus der Fremde und das Haus der Schweine kenne ich gut. Eins aber kann ich nicht glauben:

Gott kann doch nicht einfach ein Fest für mich veranstalten! Das habe ich doch nicht verdient. Dabei komme ich doch viel zu billig weg. Das ist doch viel zu einfach!"

Was sie meinte, war: „Ich muss für mein Tun doch bestraft werden. Irgendeine Form der Buße und Kasteiung habe ich verdient."

Im Prinzip dachte und fühlte sie genauso wie der jüngere Bruder im Gleichnis: Sie formulierte ein Schuldbekenntnis, eine Selbstentwertung, und wollte sich selbst bestrafen, um wenigstens einen Teil der Schuld selbst wieder abzutragen. Das ist die Theologie der Knechte. Diese Theologie erträgt keinen grenzenlos gnädigen Gott. Sie will für die eigene Schuld selbst bezahlen, sie will sich eine gewisse Unabhängigkeit bewahren und sträubt sich deshalb dagegen, sich ganz auf Gottes Gnade zu verlassen.

Paula kennt ihre Fehler und ihre Vergehen selbst am besten. Sie weiß auch, dass sie an ihrem Kind schuldig geworden ist. Das kann und will sie sich nicht vergeben. Das ist der Weg, den sie gefunden hat, um sich für ihre Sünden zu bestrafen: „Ich vergebe mir nicht."

Was hat Paula verdient? Was sagt unser Gerechtigkeitsempfinden? Was sagt die öffentliche Meinung?

Ich stellte Paula einige Fragen: „Warum hört der Vater im Gleichnis dem jüngeren Sohn scheinbar gar nicht zu, als er sein Sündenbekenntnis stammelt? Warum fragt er nicht, ob von dem Geld noch was übrig ist? Warum macht er ihm keine Vorhaltungen? Warum lässt er sofort den Partyservice kommen?"

Sie dachte nach und meinte dann: „Weil er wusste, was der Sohn jetzt wirklich brauchte!"

Und ich sagte zu Paula: „So, wie der jüngere Bruder die grenzenlose Annahme des Vaters brauchte, so brauchst du sie auch. Indem Gott dich in den Arm nimmt, vergibt er dir wortlos deine Schuld. Indem er ein Fest organisiert, beginnt er, seinen verlorenen Söhnen und Töchtern den Weg aus Selbstzerstörung und Selbstentwertung zu zeigen. Das ist es, was du jetzt wirklich brauchst!"

Der psychotherapeutische Blick enthüllt, dass der Vater im Gleichnis wie ein Therapeut (*therapeuo* = heilen) handelt – heilend und wiederherstellend. Wer wie der jüngere Sohn seine Verlorenheit erkannt hat, benötigt Annahme, und in dieser erfährt er Vergebung und Heilung.

Warum fällt es uns so schwer, Liebe, Annahme und Vergebung zu geben oder zu empfangen? Weil diese Begriffe mit Beziehungen zu tun haben. Und hier zeigen sich die Brüche unseres Lebens, zeigt sich unsere Gebrochenheit am stärksten.

Diese Gebrochenheit wird im Konflikt zwischen Eltern und Kindern, zwischen Mann und Frau sichtbar. Diese Gebrochenheit hat ihre Wurzel darin, dass wir im Haus der Fremde leben und dort verletzt werden und auch selbst andere verletzen.

Ein Stachelschwein umarmen

Der Philosoph Schopenhauer verglich die Menschheit einmal mit einer Herde Stachelschweine, die sich in kalten Winternächten aneinander drängen, sich dabei aber ständig gegenseitig verletzen und davonspringen. Dann nähern sie sich einander wieder vorsichtig an, nah genug, um die Wärme der anderen zu spüren, aber weit genug weg, um sich nicht zu stechen.

Vor einiger Zeit besuchte ich eine befreundete Familie in ihrem neuen Haus, bewunderte alles und freute mich mit ihnen. In der Küche erblickte ich eine riesengroße grüne Vase, die allerdings von vielen Rissen und Sprüngen durchzogen war. Sie passte so gar nicht in das makellose neue Haus. Sie erzählten mir die Geschichte der zerbrochenen Vase, eine Geschichte der Heilung einer zerbrechenden Beziehung. Die Vase hatte die Ehefrau selbst hergestellt und deshalb war sie ihr besonders wichtig. Irgendwann hatte der Ehemann die Vase aus Versehen umgestoßen. Nun lag sie zerbrochen in unzähligen Scherben am Boden. In dieser Zeit stand es auch um die Ehe der beiden nicht zum Besten.

Mein Freund erzählte mir, was er dann tat: Er kehrte alle Teile zusammen, sortierte sie und fing an, die einzelnen Stücke wie ein dreidimensionales Puzzle wieder zusammenzufügen. Als er damit fertig war, wies die Vase unzählige Sprünge auf und war nicht mehr sehr schön anzusehen; sie war ein unprofessionelles Flickwerk. Doch er erkannte die Parallelen zwischen der zerbrochenen Vase und der Gebrochenheit seines Lebens und seiner Ehe. Sie war ein Spiegel seines Lebens – notdürftig zusammengeflickt, voller Sprünge, nicht mehr wasserdicht.

Er begann zu weinen. Er weinte lange über seine Gebrochenheit. Nach einiger Zeit wurde er still und Gott begann leise mit ihm zu reden: „Mein Kind, ich liebe dich in deiner Stärke und in deiner Schwäche. Schäme dich nicht für deine Gebrochenheit, weine deine Tränen. Weißt du nicht, dass ich die liebe, die ein zerbrochenes Herz haben, und nicht diejenigen, deren Herz stolz und hochmütig ist? Weißt du nicht, dass es Teil meines Wesens ist, zerbrochene Herzen zu heilen?"

Endlich konnte mein Freund seine eigene Zerbrochenheit annehmen. Er umarmte sie sozusagen und versöhnte sich mit ihr. Er nahm sich selbst an, weil Gott ihn in seiner Fehlerhaftigkeit wie ein Vater umarmt hatte. Die grüne Vase mit den vielen Sprüngen hat einen Ehrenplatz in diesem Haus, und dieser Mann gehört heute zu den Menschen, bei denen andere Liebe, Annahme und Vergebung finden.

Ich habe diese Geschichte einmal im Rahmen einer Predigt erzählt. Nach dem Gottesdienst kam ein Mann zu mir und teilte mir mit, er müsse mit mir sprechen. Er schluckte und sagte nur einen Satz: „Ich bin die zerbrochene Vase." Mehr konnte er nicht sagen. Mehr muss man auch oft nicht sagen: „Ich bin die zerbrochene Vase. Ich brauche Hilfe, um die Scherben wieder zusammenzufügen." Er gestand dies vor sich selbst und vor Gott ein und begab sich damit auf den Weg zum Haus des Vaters.

Einige Gedanken zu „Das Haus der Knechte"

- Welches Gottesbild prägt Ihr Leben? Ist es der strafende Richter, der harmlose Großvater, der nichtexistente Gott, der selbstgebastelte Götze, der „Gott des Vertragsrechts" („Ich gebe, damit du gibst"), der Gott, den Jesus uns präsentiert, der ....
....?
- Falls Sie im Haus der Knechtschaft leben: Welche Ängste halten Sie davon zurück, endlich aus einer Situation auszubrechen, die Sie verkümmern lässt? Wie groß ist der Pharao, dem Sie entgegentreten müssen? Können Sie darauf vertrauen, dass der Gott der Bibel Sie in ein Land der Freiheit begleitet?
- Bei der Rückkehr des jungen Bruders zeigt sich die Tragik des älteren Bruders angesichts des großzügigen Handelns des Vaters. Wo und wann sind Sie Ihrer Meinung nach durch Gott enttäuscht worden? Haben Sie durch Ihr (frommes) Leben versucht, sich die Liebe Gottes zu verdienen?
- Was lösen folgende Aussagen der Bibel bei Ihnen aus? „Wenn wir sagen, wir haben keine Sünde, so betrügen wir uns selbst, und die Wahrheit ist nicht in uns. Wenn wir aber unsre Sünden bekennen, so ist er treu und gerecht, dass er uns die Sünden vergibt und reinigt uns von aller Ungerechtigkeit" (1. Johannes 1,8–9; Hfa). „Wer sich an sein Leben klammert, der wird es endgültig verlieren. Wer es aber für mich einsetzt, der wird ewig leben" (Matthäus 10,39; Hfa).

Kapitel 4

Das Haus des Vaters

Bildinterpretation zu „Das Haus des Vaters"

Die Reise des verlorenen Sohnes und auch unsere geistliche Reise enden im Haus des Vaters. Es erstrahlt golden und überirdisch hell. Es weist zurück in eine uns nicht mehr vertraute Zeit voller Ursprünglichkeit und Reinheit. Eine große Tür heißt den Reisenden willkommen, unzählige Fenster lassen erahnen, dass es den Lebensraum vieler Menschen bildet. Das Gold wirkt nicht statisch und starr wie bei Ikonen, sondern durch die leichte Pinselführung höchst lebendig. Je nach Lichteinfall scheint das Haus des Vaters in einer Art himmlischer Bewegung zu sein.

Die Schönheit Gottes

Gold ist das Symbol für Reinheit, Vollkommenheit und Wertstabilität. Die Nationalbanken unserer Welt legen Goldreserven an, und die Frauen vieler Völker werden mit Gold behängt, um ihren Wert oder den Reichtum des Ehemanns hervorzuheben. In der Kunst wurde mit der Farbe Gold schon von jeher das Göttliche dargestellt. Die byzantinische Ikonenmalerei geht nur mit einer Farbe verschwenderisch um – mit Gold.

Die Bibel malt ein strahlendes Bild von der Zukunft in Form einer „Stadt aus Gold", die auch als „neues Jerusalem" bezeichnet wird, als die „Stadt der Heiligen", in der nichts Unreines, nichts Böses mehr existieren kann.

„Die Stadt erstrahlte im Glanz der Herrlichkeit Gottes. Sie leuchtete wie ein Edelstein, wie ein kostbarer Jaspis, strahlend

wie Kristall. [...] Die Stadt war aus reinem Gold gebaut, klar und durchsichtig wie Glas.
[...] Nirgendwo in der Stadt sah ich einen Tempel. Ihr Tempel ist der Herr selbst, der allmächtige Gott, und mit ihm Christus, das Lamm.
Die Stadt braucht als Lichtquelle weder Sonne noch Mond, denn in ihr leuchtet die Herrlichkeit Gottes und das Licht des Lammes. In diesem Licht werden die Völker der Erde leben und die Herrscher der Welt werden kommen und ihre Reichtümer in die Stadt bringen. Weil es keine Nacht gibt, werden die Tore niemals geschlossen; sie stehen immer offen. Alles, was die Völker der Welt an Schätzen und Kostbarkeiten besitzen, werden sie in die Stadt bringen.
Doch wer Böses tut und die Sünde liebt, wer lügt und betrügt, der darf diese Stadt niemals betreten. Nur wer im Lebensbuch des Lammes steht, wird eingelassen" (Offenbarung 21,11.18.21–27; Hfa).

Die Stadt aus Gold steht für die Wiederherstellung aller Dinge, für Gerechtigkeit auf Erden, für göttlichen Überfluss und völlige Sicherheit. Die Schwarzbücher der Menschheit brauchen nicht mehr fortgeführt zu werden, weil in dieser Stadt kein böser Wille mehr herrschen kann. Niemand empfindet mehr Not, denn Gottes Gegenwart erfüllt alle Bedürfnisse. Es gibt keine Tempel mehr, denn jede Form von „Religiosität" wird in der tatsächlichen Gegenwart Gottes bedeutungslos. Das einzige Kriterium, das man erfüllen muss, um Bewohner der Stadt zu werden, besteht darin, dass man im Lebensbuch des Lammes (Jesus Christus) eingetragen ist. Das Wohnrecht in der Stadt aus Gold, im Haus des Vaters, wird einzig und allein an die Person Jesus geknüpft.

Die Stadt aus Gold ist der vollkommene Ausdruck der Schönheit Gottes, sie ist die vollendete Zukunft. Der Universalgelehrte Umberto Eco hat in einem Buch über die Geschichte der Schönheit dargelegt, dass jede Generation unter „Schönheit" etwas anderes versteht. Die üppigen Rubens-Modelle des 17. Jahrhunderts und die superschlanken, androgynen Models des 21. Jahrhunderts haben wenig gemeinsam. Schönheit aber liegt bekanntermaßen im Auge des Betrachters. Etwas oder jemand wird als schön betrachtet, wenn die große Masse der Meinung ist, dass das Gesehene ästhetisch *vollkommen* sei.

Michelangelos Meisterwerk, die *Pietà* (die Beweinung Christi durch Maria), aus makellosem Marmor gefertigt und zu zeitloser Schönheit verewigt, gilt als die vollkommene Skulptur. Bachs Kantaten und Händels „Messias" gelten als vollendete Musik. Was vollendet ist, dem ist nichts mehr hinzuzufügen. Das Vollendete ist die Schönheit selbst. Schönheit bedeutet Vollendung.

Fjodor Dostojewski hat in seinem Roman „Der Idiot" geschrieben: „Die Schönheit wird uns erlösen."[37] Welche Schönheit erlöst uns? Die Schönheit einer Frau, die Schönheit eines Sonnenuntergangs, die Schönheit eines Kunstwerks?

Dostojewski versteht unter dem Begriff der „erlösenden Schönheit" die Person Jesus Christus, in dem Gott Mensch geworden ist. Die Schönheit von Jesus ist aber nicht auf sein äußeres Erscheinungsbild bezogen; sie kann nur als Paradox beschrieben und begriffen werden. Der Prophet Jesaja beschreibt einen Gottessohn, der aller äußerlichen Ästhetik beraubt war: „Keine Schönheit war an ihm noch edle Gestalt. Sein Gesicht war entstellt" (Jesaja 53,2; LÜ).

Der Inbegriff aller Schönheit ist unansehnlich, sodass man ihn nicht anschauen will. Der römische Prokurator Pilatus gibt den von der Folter entstellten Jesus mit den Worten: „Ecce homo" – „Seht, (welch) ein Mensch!" dem voyeuristischen Blick der Menge frei. In dem ewigen Paradoxon des Kreuzes wird die Schönheit von Jesus deutlich: Er verzichtete auf alle Schönheit, auf die Unversehrtheit seines Lebens, um uns zu retten.

Um es mit den Worten des Johannesevangeliums zu sagen: Erlösende Schönheit bedeutet: „Die größte Liebe beweist jemand, der sein Leben für die Freunde hingibt" (Johannes 15,13; Hfa). Die Hingabe des eigenen Lebens ist die vollendete Liebe, die Aufopferung von Jesus Christus an die Welt ist deshalb die vollkommene Schönheit. Um die Schönheit Gottes erfahren, sehen und schmecken zu können, muss man also zuerst Jesus begegnen.

Der Sänger Xavier Naidoo hat ein poetisches Lied mit dem Titel geschrieben: „Ich kenne nichts, das so schön ist wie du". Den allermeisten Menschen würde es gefallen, wenn jemand so etwas über sie schriebe. Sie würden sich geschmeichelt, geliebt und angenommen fühlen – unabhängig davon, ob die Aussage einen hohen Wahrheitsgehalt hat oder nicht. Wenn jemand etwas Schönes über uns sagt, dann berührt das unsere Seele und beginnt uns auch tatsächlich schön zu machen.

Im Hochzeitszyklus des Malers Marc Chagall gibt es ein Bild mit dem Titel: „Ziehe mich hinter dir her! Lass uns eilen!" Das auf dem Gemälde dargestellte Brautpaar hat ein geflügeltes Pferd bestiegen und wird von ihm davongetragen. Der Bräutigam ruht auf Rücken und Hals des Pferdes wie auf einem Sofa. Die Braut mit fließendem Schleier und Hochzeitskleid liegt, ihn umarmend, auf ihm.

Der Pegasus entführt das Paar nicht in die Ferne, sondern in die Höhe. Dem Paar geht es nicht nur darum, miteinander allein sein, sondern auch darum, Gott nah zu sein. Echte Liebe führt deshalb auch nicht von Gott weg, sondern zu Gott hin. Chagall hat dem Brautpaar Königskronen aufgesetzt, um zu zeigen, dass die Liebe dem Menschen besondere Schönheit und Würde verleiht. Weil die Liebe an sich auf die Schönheit hinweist, bekennt das Brautpaar im Lied der Lieder des Alten Testamentes: „Wie schön ist deine Liebe" (Hoheslied Salomos 4,10; LÜ).

Der Schriftsteller Robert Musil hat gesagt, dass es auf der ganzen Welt kein anderes Mittel gäbe, um ein Wesen schön zu machen, als es zu lieben. Schönheit wächst, wenn jemand geliebt wird. Allerdings leben wir in einer Gesellschaft, die die Schönen und Reichen einfach nur deshalb liebt, weil sie schön und reich sind. Das bedeutet letztlich, dass viele schöne Menschen unsicher sind, ob die Liebe, die sie erfahren, nur ihrer äußeren Attraktivität oder ihrem Status gilt.

Solange der jüngere Sohn zu den Reichen und Schönen gehörte, erfuhr er alle möglichen Liebesbeweise. Er hatte jede Menge Freunde und konnte sich nicht über mangelnde Aufmerksamkeit beklagen. Doch als er mittellos wurde, erkannte er, dass niemand ihn als Person liebte, und er wurde in seinen eigenen Augen unansehnlich.

Der ältere Bruder im Gleichnis war sich ebenfalls der Liebe seines Vaters unsicher und verlor die Schönheit seiner Sohnschaft. Er wurde zum griesgrämigen Vorarbeiter.

Jesus erzählt das Gleichnis mit einem ganz klaren Ziel im Blick: Er will den Söhnen und Töchtern, also uns, die verlorene Schönheit der Kinder Gottes wiedergeben.

Aus dem Gleichnis geht hervor, wie atemberaubend schön die vollendete Liebe des Vaters ist. In den beiden Söhnen ist die ganze Menschheit abgebildet. Beide haben ihre Schönheit verloren, weil sie die Liebe des Vaters nicht achten und schätzen konnten. Der jüngere Bruder ist vom Scheitern, der ältere von Bitterkeit gezeichnet. Beide sind nicht wirklich liebenswert, aber der Vater geht beiden Söhnen voller Liebe entgegen. Beiden Brüdern begegnet er ohne Anklage und Rechthaberei. Beide Brüder werden unterschiedlich, aber doch mit vollkommener Liebe und Annahme behandelt. Beide Brüder werden eingeladen, zu feiern und sich mit dem Vater zu freuen. Beide Brüder werden vom Vater vollkommen geliebt. Beide haben die Möglichkeit, durch die vollkommene Liebe des Vaters ihre ursprüngliche Schönheit wiederzuerlangen.

Das schwarze Schaf

„Er stand auf und ging zurück zu seinem Vater. Der erkannte ihn schon von weitem. Voller Mitleid lief er ihm entgegen, fiel ihm um den Hals und küsste ihn“ (Lukas 15,20; Hfa).

Im Internet fand ich unter dem Suchbegriff „Schwarzes Schaf“ die Homepage einer Elternselbsthilfegruppe. Die Überschrift der Homepage lautete: „Das schwarze Schaf – besondere Kinder brauchen besondere Ideen“.

Schwarze Schafe – mit diesem Begriff werden Menschen bezeichnet, die sich nicht so ganz in das familiär oder gesellschaftlich vorgegebene Wertesystem einordnen können. Schwarze Schafe verschulden sich, arbeiten nicht, werden kriminell oder suchtkrank, sind Hochstapler, Drückeberger oder Faulenzer. Sie belasten Beziehungen. Manche wählen bewusst ein Leben, das sich möglichst deutlich von einem vorgegebenen Muster unterscheidet. Von daher stimmt es, dass man für den Umgang mit ihnen besondere Ideen braucht.

Was ist die „besondere Idee" des Vaters für den jüngeren Sohn?

Es ist die Freiheit. Der Vater gewährt ihm die Freiheit zu gehen – und die Möglichkeit zurückzukommen. Als der Sohn wieder nach Hause kommt, läuft der Vater ihm entgegen, als hätte er die ganze Zeit auf ihn gewartet.

In dem französischen Spielfilm „Die Kinder des Monsieur Mathieu" wird in wunderschönen Bildern gezeigt, wie ein Musiklehrer die Kinder in einem Jungeninternat nicht wie erziehungsresistente Monster, sondern wie Söhne aus gutem Hause behandelt. Und indem er sie respektiert, werden sie tatsächlich zu solchen Söhnen, die sich und andere achten und eine eigene Vision für ihr Leben entwickeln, die auf ihren Stärken und Fähigkeiten basiert.

Für den Vater aus dem Gleichnis ist der jüngere Sohn kein schwarzes Schaf. Er sieht nur seinen geliebten Sohn, der endlich wieder bei ihm ist. Die besondere Idee des Vaters besteht darin, den zurückgekehrten Sohn wie einen lang erwarteten Ehrengast zu behandeln. Indem der Vater das schwarze Schaf wie einen geliebten Sohn empfängt, wird dieser wieder zum wahren Sohn des Vaters.

In verschiedenen Ländern Afrikas entführen Rebellenorganisationen Kinder, um sie zu Soldaten zu machen. Als Erstes zwingen sie die Kinder dazu, einen Menschen zu töten, vorzugsweise jemanden aus dem eigenen Dorf oder der eigenen Familie. Durch diese Tat soll bei den Kindern jeder Gedanke an eine Flucht, an eine Rückkehr nach Hause zunichte gemacht werden. Durch die Beteiligung an einem Mord verlieren die Kinder damit jede Möglichkeit, in ihre Dorfgemeinschaft zurückzukehren, und oft verlieren sie gleichzeitig den Zugang zu sich selbst und werden willenlose und oft besonders gnadenlose Kampfmaschinen.

Um solchen Kindersoldaten, denen irgendwie doch die Flucht gelang, einen Weg zurück in die „normale Gesellschaft“ zu ermöglichen, hat die katholische Kirche mit Hilfe von Katecheten (geistliche Begleiter, Religionslehrer) einen Versöhnungsprozess entwickelt, der im Einklang mit der Tradition des Volkes der Acholi in Uganda[38] steht. Sie hilft der Dorfgemeinschaft, die ehemaligen Kindersoldaten als Opfer und nicht als Täter zu sehen, und leitet dann einen zeremoniellen Wiederaufnahmeritus in die Gemeinschaft ein.

Die Menschen versammeln sich dabei mit dem Katecheten zur Begrüßung an der Dorfgrenze. Dann wird der traditionelle „Ritus des Zertretens“ durchgeführt, bei dem der Rückkehrer als Zeichen des Bruchs mit den zurückliegenden Erfahrungen ein Ei zertreten muss. Dabei stimmt der Katechet ein Bittgebet an und besprengt das heimkehrende Kind mit Weihwasser, ein christliches Symbol der Reinigung. Nach dem Vorlesen eines biblischen Textes hält der Katechet eine Predigt, in der es um Vergebung und Toleranz, Verständnis und Mitleid geht. Im gemeinsam gesungenen Lied zum Abschluss der Versöhnungsfeier kommen Freude und Dankbarkeit über Rückkehr und Versöhnung zum Ausdruck. Die Gemeindemitglieder gehen danach in dem Wissen nach Hause, dass sie alle dem Zurückgekehrten bei der weiteren Wiedereingliederung beistehen müssen. Die ehemaligen Kindersoldaten können sicher sein, dass die Gemeinschaft ihnen vergeben hat und sie wieder willkommen sind.

Ich bin davon überzeugt, dass Gott jubelt, wenn er sieht, welche besondere Ideen die Katecheten vom Volk der Acholi für besondere Kinder entwickelt haben!

Francesca, ein Mitglied unserer Gemeinde, hat eine besondere Liebe für schwarze Schafe. Wenn sie ihre Kinder zur Schule fuhr, kam sie tagtäglich an einem Waldstück vorbei.

Bei jedem Wetter stand dort eine großgewachsene, in schwarzes Leder gekleidete Frau. Irgendwann fasste Francesca sich ein Herz, hielt an und fragte die Frau, was sie dort mache. Es stellte sich heraus, dass „sie“ in Wirklichkeit ein Mann war, der transsexuell empfand, sich prostituierte und alkoholabhängig war. Er nannte sich Lorena.

Francesca hielt danach häufiger an dem Waldstück an und brachte Lorena etwas zu essen. Sie hielt es aus, von Lorena beschimpft zu werden, wenn er sauer war, weil keine Freier kamen. Eines Tages erfuhr Francesca, dass Lorenas Geburtstag bevorstand, und sie nahm sich vor, eine Geburtstagsfeier vorzubereiten. Sie backte einen Kuchen und kaufte ein paar kleine Geschenke. Auch ihre Familie machte begeistert mit.

Als Lorenas Geburtstag gekommen war, holte Francesca ihn mit dem Auto ab und führte ihn an den festlich gedeckten Geburtstagstisch in ihrem Haus. Die Kinder sangen ein Geburtstagslied und Lorena packte seine Geschenke aus. Francesca behandelte Lorena wie ein Mitglied ihrer Familie.

Als ich diese Geschichte hörte, erinnerte ich mich daran, dass besondere Menschen besondere Ideen benötigen – und für mich klang das nach einer der besonderen Ideen des Vaters, die er Francesca eingeflüstert hatte.

Heilsame Rituale

In unserem Gleichnis hält der Vater Ausschau nach dem Sohn. Vielleicht hat er in seiner Abwesenheit ein regelrechtes Ritual entwickelt: Jeden Morgen und Abend steigt er auf das Dach des Hauses und betet und wartet auf die Rückkehr des verlorenen Sohnes.

Rituale haben bestimmte Funktionen und Aufgaben. Das Ritual der Beerdigung beispielsweise hat die Aufgabe, den Trauernden dabei zu helfen, den Verstorbenen innerlich loszulassen und sich von ihm zu verabschieden.

Gott scheint ein Ritual daraus entwickelt zu haben, Ausschau nach den jüngeren Söhnen und Töchtern zu halten. In den Gleichnissen vom verlorenen Goldstück, vom verlorenen Schaf und vom verlorenen Sohn zeigt sich immer wieder der gleiche Zug: Da ist jemand, der Ausschau nach den Verlorenen hält, der sucht und der sich unglaublich freut, wenn er fündig wird.

Im Psalm 139 reflektiert ein Beter über genau diese Eigenschaft Gottes: „Wie könnte ich mich dir entziehen; wohin könnte ich fliehen, ohne dass du mich siehst? Stiege ich in den Himmel hinauf – du bist da! Wollte ich mich im Totenreich verbergen – auch dort bist du! Eilte ich dorthin, wo die Sonne aufgeht, oder versteckte ich mich im äußersten Westen, wo sie untergeht, dann würdest du auch dort mich führen und nicht mehr loslassen“ (Psalm 139,7–10; Hfa).

Der katholische Priester Henry Nouwen schrieb: „Die meiste Zeit meines Lebens war ich hochaktiv. Ich habe mich abgemüht, Gott zu finden ... Die eigentliche Frage aber lautet nicht mehr: Wie kann ich Gott finden, sondern: Wie kann Gott *mich* finden?“

Vielleicht klingt es seltsam: Gott sucht mich mindestens ebenso intensiv, wie ich ihn suche. Gott liebt mich mehr, als ich ihn jemals lieben kann. Der Vater ist auf der Suche nach mir, nach der Tochter, nach dem Sohn in der Fremde. Er sitzt nicht untätig zu Hause. Er *rennt* mir entgegen. Er hört mir gar nicht zu, wenn ich meine Entschuldigungen stammle. Er freut sich unendlich, weil er mich gefunden hat. Er deckt mir einen reichen Tisch und lädt alle meine Freunde zu einer Party ein.

„So ist mein Vater“, sagt Jesus im Gleichnis.

So ist mein Vater!

Vielleicht fragt sich der eine oder andere von Ihnen: „Ist es nicht naiv zu glauben, dass Gott gerade *mich* sucht, sich aus *mir* etwas macht? Kann es wirklich sein, dass Gott den Wunsch hat, bei *mir* zu sein?“

Luther hat in seiner Auslegung des Gleichnisses gesagt: „Als der Vater den Sohn in der Ferne sieht, läuft er ihm entgegen, damit der Sohn es sich nicht noch einmal anders überlegt.“

Als mein Bruder etwa sieben Jahre alt war, bekam er zum ersten Mal ein Antibiotikum. Aber er vertrug es nicht und reagierte allergisch. Sein gesamter innerer Mundbereich überzog sich mit Eiterpusteln. Er hatte starke Schmerzen, konnte nicht essen und nur unter großen Schmerzen aus einem Strohhalm trinken. Er trank deshalb zu wenig und wurde immer apathischer. Gott sei Dank stellte der Arzt noch rechtzeitig fest, dass er kurz vor dem Austrocknen stand. Mein Bruder wurde daraufhin ins Krankenhaus eingeliefert, wo er künstlich ernährt werden musste.

Einige Tage später rief das Krankenhaus an. Die Sekretärin sagte meinen Eltern, dass der Professor der Kinderstation ihnen etwas mitzuteilen hätte und gleich anrufen würde. Meine Eltern warteten, aber der Professor meldete sich nicht. Nach einigen schrecklichen Minuten hielten meine Eltern es nicht mehr aus und rasten ins Krankenhaus. Ihre Gedanken überschlugen sich: „Warum wollte uns der Professor anrufen? Was ist mit dem Kind? Ist es etwa tot?"

Sie kamen das Schlimmste befürchtend ins Krankenhaus, stürmten ins Zimmer und fanden meinen Bruder fröhlich essend vor. Meine Eltern warfen sich mit einem Aufschrei auf ihn, weinten und lachten gleichzeitig vor Freude, weil sie ihn lebend vorfanden. Mein Bruder dachte, unsere Eltern seien völlig verrückt geworden.

Später stellte sich heraus, dass der Anruf zu einer Kette von Missverständnissen gehörte. Meine Eltern haben mir diese Geschichte wohl hundert Mal erzählt. Sie dachten, sie hätten ihren Sohn verloren, und als sich herausstellte, dass das nicht der Fall war, waren sie unendlich froh. Jesus würde sagen: „So ist auch mein Vater. Er empfindet wie ein Elternpaar, das nicht weiß, was mit seinem Kind los ist, und reagiert überglücklich, wenn er es gesund wiedersieht!"

Es gibt eine fast kitschige Geschichte, die allerdings wunderbar verdeutlicht, wie sehr der Vater die Rückkehr des Sohnes herbeisehnt.

Ein Vater und ein Sohn hatten sich zerstritten. Der Sohn entschloss sich nach vielen Jahren, doch noch einmal einen Versuch zu unternehmen und nach Hause zu fahren, aber er wusste nicht, ob er willkommen war. Deshalb schrieb er seinem Vater vorab einen Brief: „Ich werde am Ersten dieses Monats mit dem Zug ankommen. Wenn ich willkommen bin, dann binde ein weißes Handtuch in den Birnbaum, der vor unserem Haus steht. Ich kann ihn vom Zug aus sehen. Wenn das Handtuch im Baum hängt, steige ich aus, wenn nicht, fahre ich einfach weiter."

Der Sohn fuhr also am Ersten des Monats wie besprochen nach Hause. Kurz vor seinem Heimatort konnte er die Spannung nicht mehr ertragen und bat einen Mitreisenden, für ihn aus dem Fenster zu schauen, ob er ein weißes Handtuch im Birnbaum sehen könne. Der Reisenachbar teilte ihm mit: „Ich sehe keinen Birnbaum, aber ich sehe etwas, das ein Baum sein könnte, der von oben bis unten mit weißen Bettlaken behängt ist!"

Können Sie sich vorstellen, dass Gott wegen Ihnen einen Birnbaum verpackt wie der Künstler Christo den Berliner Reichstag?

Jesus sagt: „Ja, denn so ist mein Vater! Ich kenne ihn und er kennt mich. Wer mich sieht, sieht den Vater. Wer meinen Vater kennenlernen will, soll mich kennenlernen; wer den Vater sehen will, soll mich ansehen, denn der Vater und ich sind eins."

Die Macht der Worte

Als der jüngere Sohn nach Hause zurückkehrt, wartet er darauf, dass der Vater zu ihm spricht, damit er einschätzen kann, wo er steht. Er hofft auf ein erlösendes, ein befreiendes Wort, das ihn nicht verdammt.

Franz Kafka hat in seiner Erzählung „Heimkehr" die Unsicherheit aller verlorenen Söhne und Töchter in Worte gefasst: „Ich bin angekommen. Wer wird mich empfangen? Wer wartet hinter der Tür der Küche? Rauch kommt aus dem Schornstein, der Kaffee zum Abendessen wird gekocht. Ist dir heimelig, fühlst du dich zu Hause? Ich weiß es nicht, ich bin sehr unsicher."[39] Viele verlorene Töchter und Söhne wollen gerne nach Hause kommen – wenn sie nur wüssten, dass sie willkommen sind!

Der Vater im Gleichnis begegnet dem Sohn nicht mit eisigem Schweigen, sondern mit Worten, die erlösen und beleben: „Mein Sohn war tot, jetzt lebt er wieder. Er war verloren, jetzt hat er zurückgefunden."

Im Neuen Testament sagt ein römischer Hauptmann zu Jesus: „Sprich nur ein Wort, und mein Knecht wird gesund." Und Jesus spricht das heilende Wort: „Ich will" – und der Knecht wird gesund.

„Rede mit mir!", schreit der eine Partner den anderen an, der nur schweigt.

„Sprich zu mir, Gott", beten Menschen überall.

Im Gleichnis sagt der Vater: „Mein Sohn war tot, jetzt lebt er wieder. Er war verloren, jetzt hat er zurückgefunden."

Wie würde der Vater Jesu Christi heute zu uns sprechen? Vielleicht würde er sagen: „Ich weiß, dass du umhergeirrt bist, ich weiß, dass du auf Abwege geraten bist und dir selbst nicht vergeben kannst. Ich verdamme dich nicht. Ich klage dich nicht an. Ich reinige dich von deiner Schuld. Ich stelle dich wieder her. Wenn dein Herz dich anklagt, dann sollst du wissen: Meine Tochter war tot, aber sie soll wieder leben. Mein Sohn war verloren, nun lebt er wieder. Ich freue mich, dass du zu mir nach Hause gekommen bist. Jetzt wollen wir das Fest deiner Rückkehr feiern!"

Die zweite Erbschaft

„Er stand auf und ging zurück zu seinem Vater. Der erkannte ihn schon von Weitem. Voller Mitleid lief er ihm entgegen, fiel ihm um den Hals und küsste ihn.
Doch der Sohn bekannte: ‚Vater, ich bin schuldig geworden an Gott und an dir. Sieh mich nicht länger als deinen Sohn an, ich bin es nicht mehr wert, dein Sohn zu sein.' Sein Vater aber befahl den Knechten: ‚Beeilt euch! Holt den schönsten Anzug, den wir im Hause haben, und gebt ihn meinem Sohn. Bringt

auch einen kostbaren Ring und Schuhe für ihn! Schlachtet das Kalb, das wir gemästet haben! Wir wollen feiern!'" (Lukas 15,20–23; Hfa).

In vielen Ländern der Welt wird mit großem Erfolg ein Musical mit dem Namen „Les Miserables" („Die Elenden") aufgeführt. Das Musical basiert auf dem gleichnamigen Roman von Victor Hugo und spielt im Frankreich des 18. Jahrhunderts.

In diesem Musical wird die Geschichte eines Mannes namens Jean Valjean erzählt. Er stiehlt einen Laib Brot für die hungrigen Kinder seiner Schwester, wird erwischt und zu vier Jahren Gefängnis wegen Diebstahls und zu 15 Jahren wegen eines Fluchtversuchs verurteilt.

Nach 19 Jahren kommt er also wieder frei. Voller Misstrauen und Verbitterung gegen seine Mitmenschen sucht er eine Arbeit. Aber weil ihn seine Papiere als ehemaliger Sträfling kennzeichnen, wird er überall abgewiesen.

Als er keine Hoffnung mehr hat, geht er zum Bischof der Stadt. Der nimmt ihn auf, gibt ihm zu essen und einen Platz zum Schlafen. Der einzig wertvolle Besitz des Bischofs ist ein sechsteiliges Silberbesteck, das immer aufgelegt wird, wenn Gäste bewirtet werden. In der Nacht stiehlt Jean Valjean dem Bischof das Besteck und verschwindet.

Am nächsten Tag bekommt der Bischof Besuch von der Polizei. Jean Valjean ist bei einer Kontrolle aufgefallen und das Silber wurde bei ihm entdeckt. Der Polizeibeamte teilt dem Bischof mit: „Dieser Mann behauptet, Sie hätten ihm das Besteck geschenkt!"

Der Bischof schaut die Polizisten an und bestätigt, dass er ihm das Silber geschenkt habe. Dann wendet er sich an Valjean: „Ehe Sie gehen, nehmen Sie die Leuchter mit, die gehören noch dazu."[40]

Das ist die Theologie der Gnade. Das ist die Lehre Jesu, die aus dem Haus des Vaters kommt und die der jüngere Sohn nicht kannte, weil er den Vater nicht kannte. Im Buch von Victor Hugo und im Gleichnis von Jesus geht es um die zweite Chance, die zweite Erbschaft.

Der jüngere Sohn hat sein Erbe verspielt und seine Stellung als Sohn freiwillig aufgegeben. Der Vater scheint reich genug zu sein, um ihn zum zweiten Mal als Erben einzusetzen.

Als der jüngere Sohn zurückkehrt, ist er von den Schlägen des Lebens gezeichnet. Seine Erinnerungen sind verblasst, seine Würde hat er verkauft. Er ist nur noch das, was die Leute von ihm sagen. Seine ganze Persönlichkeit trägt die Zeichen der Entwürdigung, die ihm im Haus der Schweine widerfahren ist.

In unserem Gleichnis wird nun beschrieben, wie der Vater den Wiederherstellungsprozess einleitet: Der Sohn muss erst wieder lernen, sich selbst als rechtmäßigen Sohn anzunehmen. Er hatte sich die eigene Würde genommen und die soll durch drei Geschenke wiederhergestellt werden: den schönsten Anzug, den kostbaren Ring, die Schuhe.

Der schönste Anzug

Der Dichter Hans Christian Andersen hat mit dem Märchen „Des Kaisers neue Kleider“ u. a. das Geltungsbedürfnis des Menschen thematisiert, das in diesem Fall durch neue Bekleidung gestillt werden soll.

Es war einmal ein eitler Kaiser, der ständig neue, prachtvolle Kleider wollte. Da kamen betrügerische Weber und sagten dem König, dass sie die allerfeinsten Stoffe herstellen würden. Die seien so fein, dass sie nur derjenige sehen könne, der sehr klug sei und für sein Amt tauge.

Bei der Anprobe der feinen, unsichtbaren Kleider äußerte sich der ganze Hofstaat und alle Minister vor dem Kaiser lobend darüber, wie wunderbar, wie exzellent, wie überirdisch die neuen Kleider wären. Niemand wollte zugeben, dass er keine Kleider sah, weil er doch auch klug und für sein Amt tauglich wirken wollte.

Dann kam der Tag, an dem der Kaiser seine neuen Kleider dem Volk präsentieren wollte. Mittlerweile hatte sich herumgesprochen, dass der König extrem feine Kleider hatte, die nur derjenige sehen könne, der klug und für sein Amt tauglich war. Als der König dann unters Volk ging, riefen alle: „Oh, wie wunderbar! Oh, wie herrlich!“, und der Kaiser und alle Leute freuten sich.

Nur ein kleiner Junge schaute sich den Kaiser an und sagte dann ganz laut: „Der hat ja gar nichts an!“

Nach einer Schrecksekunde sagte der Mann neben dem Jungen: „Stimmt, er hat ja gar nichts an!“ Alle begannen zu rufen und zu lachen: „Der Kaiser hat ja gar nichts an!“

Der Kaiser hatte keine neuen, sondern er hatte überhaupt keine Kleider an. Er lief in Unterwäsche vor seinem Volk herum.

So weit das Märchen.

Bis in die 1950er Jahre hinein hatte der durchschnittliche Deutsche seine Kleidung für den Werktag und einen besonderen Anzug oder ein besonderes Kleid für den Sonntag. Das war’s im Großen und Ganzen mit der Garderobe.

Heute ist unser Kleiderschrank voll mit neuer Bekleidung, die schnell wieder veraltet ist, weil sie aus der Mode gekommen ist. Wie der Kaiser im Märchen, so können es sich auch Millionen von Menschen leisten, sich ständig nach dem letzten Schrei einzukleiden. Aber eines haben viele Menschen nicht: das Festgewand, das nur der Vater geben kann.

Im Gleichnis vom Vater mit den zwei Söhnen gibt der Vater dem zurückgekehrten Sohn sein eigenes Festkleid, denn der Sohn hat nur noch zerschlissene Fetzen am Leib. Jesus berichtete an anderer Stelle – im Gleichnis vom großen Hochzeitsfest[41] –, dass ein Hochzeitsgast hinausgeworfen wurde, weil er kein Festkleid anhatte.

Machen wir uns kurz mit der höfischen Kleiderordnung der damaligen Zeit vertraut: Gäste am Königshof wurden zuerst in die königliche Kleiderkammer geführt und bekamen passende Festkleider ausgehändigt, bevor sie in den Festsaal weitergingen.

Indem der Vater dem Sohn sein Ehrenkleid gibt, gibt er ihm auch seine Würde zurück. Der Vater ehrt den Sohn mit neuen Kleidern, denn bekanntlich machen Kleider Leute. Weil der

Vater ihn mit seinem schönsten Festgewand einkleidet, ist der Sohn auch äußerlich nicht mehr mittellos. Das Festgewand des Vaters hilft dem Sohn, sich wieder als Sohn zu fühlen. Es vermittelt ihm: „Ich bin wieder zu Hause und mein Vater heißt mich wirklich willkommen!"

Im Neuen Testament werden die zurückkehrenden Söhne und Töchter Gottes aufgefordert, sich weiße Kleider geben zu lassen, damit sie nicht länger nackt dastehen (Offenbarung 3,18). Und an anderer Stelle werden sie aufgefordert, die neuen Kleider anzuziehen, damit sie nicht vergessen, dass sie neue Menschen geworden sind (Kolosser 3,10).

Der kostbare Ring

In J. R. R. Tolkiens weltberühmter Fantasy-Trilogie „Der Herr der Ringe" geht es um einen Ring, der seinem Träger unbegrenzte Macht verleiht. Er war von Sauron, dem dunklen Herrscher Mordors, in den Tiefen des Schicksalsberges geschmiedet worden, der mit seiner Hilfe die Herrschaft über Mittelerde erlangen wollte.

Die Außenseite des Ringes trägt eine Gravur: „Ein Ring, sie zu knechten, sie alle zu finden, ins Dunkel zu treiben und ewig zu binden." Bislang wurde jeder Träger des Ringes von dessen Macht dazu verführt, das zu wollen, was sein ursprünglicher Herr wollte – unbegrenzte Macht. Je länger jemand den Ring trug, desto mehr identifizierte er sich mit dem tatsächlichen Herrn des Ringes, der ihn zum Bösen hinzog.

Der wahre Herr der Ringe im Gleichnis ist Gott, der Vater. Der Ring des Vaters verleiht keine Macht über Menschen; er gibt den zurückkehrenden Söhnen und Töchtern das Siegel der Kindschaft in die Hand. Der Ring soll den verunsicherten Herzen der Zurückkehrenden bestätigen, dass sie Kinder und nicht Knechte sind.

Der kostbare Ring, den der Vater dem Sohn gibt, ist ein Siegelring. Dieser verleiht seinem Träger die Autorität, Verträge zu unterschreiben und im Namen des Vaters zu kaufen und zu verkaufen. Der Ring ist so etwas wie eine goldene Kreditkarte. Damit hat der Sohn uneingeschränkten Zugang zu den Reichtümern des Vaters.

Der Siegelring teilt darüber hinaus allen Menschen in seinem Umfeld mit: Der Ringträger, der zurückgekehrte Sohn, hat die Vollmacht des Vaters. Der Vater macht damit bekannt: „Ihr sollt genauso auf ihn hören, wie ihr auf mich hört. Sein Wort gilt, als wäre es mein Wort."

Indem der Vater dem Sohn den Siegelring gibt, verleiht er ihm eine zweite Erbschaft. Der Sohn kann nun einen Neuanfang wagen.

Die Schuhe

Die Schuhe sind ein Zeichen der Würde. Sie besagen: „Du bist kein Sklave – du bist ein Sohn!"

Unsere Kirchengemeinde hat eine Partnerschaft mit einer kubanischen Kirchengemeinde. Kuba – das bedeutet Tränen im Paradies, das sind Touristen unter Palmen am Hotelstrand neben Menschen, die wegen eines illegal gefangenen Hummers für Wochen ins Gefängnis gehen. Kuba – das sind unternehmungslustige, lebensfrohe Menschen, denen man durch sozialistische Planwirtschaft permanent die Freude raubt.

Neben der medizinischen Grundversorgung muss fast alles auf dem Schwarzmarkt organisiert werden, denn alles, was es in den offiziellen Läden gibt, ist für den normalsterblichen Kubaner unbezahlbar, außer vielleicht, man arbeitet in der Tourismusbranche oder sitzt an der richtigen Stelle im sozialistischen Gefüge. Offiziell herrscht in Kuba Religionsfreiheit. Tatsächlich werden die christlichen Kirchen stark reglementiert, und offizielle Genehmigungen, mit denen dann auch ein Ausländer in einer Gemeinde sprechen darf, werden vollkommen willkürlich erteilt.

Bei unserem ersten Austauschbesuch lernten wir unter anderem einen 60-jährigen Fischer namens Jesus kennen, der mit Frau und Großmutter in einer einfachen Hütte wohnte.

Bei unserem zweiten Besuch wurden wir von Jesus zum Essen eingeladen. Weil sein Boot gerade kaputt war, konnte er keine Fische fangen und hatte daher extra für uns auf dem Schwarzmarkt Hummer besorgt und zubereitet.

Nach einem vorzüglichen Essen, das bis auf den Hummer ausschließlich aus dem eigenen Garten stammte, sagte ich Jesus, dass ich ein Geschenk mitgebrachte hätte. Ich hatte in Deutschland bei „Aldi“ ein Paar schwarze Schuhe gekauft, das ich ihm nun geben wollte. Da der Fischer nun schon einmal Jesus hieß, berichtete ich ihm auch von seinem biblischen Namensvetter, der viele Freunde hatte, die ebenfalls Fischer waren. Unter anderem erzählte ich ihm das Gleichnis vom Vater und den zwei Söhnen. Ich sagte ihm, dass Jesus Menschen dabei hilft, ihre Würde zu bewahren oder wiederzufinden. Der Vater gab dem Sohn Schuhe, damit er nicht barfuß laufen muss wie die Sklaven. Ich erklärte dem kubanischen Jesus: „Immer, wenn du diese Schuhe trägst, denk daran: Du bist es wert, ein Sohn Gottes zu sein!“

Der Fischer Jesus sah die Schuhe lange an. Weil er als Kind und Jugendlicher immer barfuß unterwegs gewesen war, waren seine Füße vorne extrem breit. Er zog meine „Aldi“-Schuhe an, und sie passten, als seien sie wie für ihn gemacht.

Zwei Tage später erschien er mit seiner Frau und den neuen Schuhen im Gottesdienst. Der Pastor der Gemeinde erzählte mir später, dass der Fischer Jesus jetzt einen neuen Freund hätte, einen Zimmermann aus Nazareth, der auch Jesus hieß und Fischer zu seinen Freunden zählte.

William Booth, der Gründer der Heilsarmee, brachte den Opfern des Frühkapitalismus, die mit ihren Familien in den Londoner Elendsvierteln verkamen, das Evangelium von der Liebe des Vaters. Er gab ihnen „Suppe, Seife und Seelenheil“ … und er steckte die sozial und moralisch entwurzelten Menschen in militärisch anmutende Uniformen und teilte ihnen mit, dass sie nun zur „Heilsarmee“ gehörten, einer Armee, die nicht den Tod, sondern das Heil bringe. Wer im 19. Jahrhundert eine Uniform trug, war etwas wert. Aus Menschen, die wie der jüngere Sohn ihre Würde bei den Schweinen gelassen hatten, wurden so wieder Söhne und Töchter, die Gott liebten und sich selbst und andere achteten.

„Amazing Grace“

In dem Gleichnis Jesu stehen die drei Geschenke des Vaters für die Wiederherstellung der Gottesbeziehung.

Der schönste Anzug steht für die Vergebung der Sünden. Paulus hat einmal davon gesprochen, dass der Mensch die „Kleider des Heils“ anziehen müsse, um wahres Heil zu erfahren.

Der kostbare Ring steht für die volle Anerkennung und Wiedereinsetzung als Kind Gottes. Gott traut den zurückkehrenden Söhnen und Töchtern zu, in seinem Namen verantwortlich zu handeln.

Die Schuhe sind ein Symbol für Würde: „Sei unabhängig von deiner Vergangenheit wieder stolz auf dich. Du bist es wert, dir deine eigene Würde zuzugestehen.“

Prinz Asfa Wossen Asserate, der dem äthiopischen Kaiserhaus entstammt und aus der uralten äthiopisch-orthodoxen Glaubenstradition kommt, wurde in einem Interview gefragt: „Was sollte ein Christ über seine Religion wissen?“ Er antwortete: „Vor allem muss er mal wissen, dass er mit erhobenem Haupt durch die Straßen gehen kann und dass er sagen kann: Ich bin ein Erlöster.“[42]

Mit den Worten des Gleichnisses gesprochen: Der zurückgekehrte Sohn hat keinen Zweifel mehr daran, wer er ist: Ein geliebter Sohn des Vaters, der ohne Büßergewand leben darf und sich jeden Tag daran freut, dass er ein Kind des Vaters ist.

Das amerikanische Lied „Amazing Grace“ ist weltweit bekannt. Weniger bekannt ist die Geschichte, die hinter dem Lied steht. Es wurde von John Newton im 18. Jahrhundert geschrieben. Newton ist einer der vielen „jüngeren Söhne“, die sich im Gleichnis Jesu wiedererkannten. Er begriff, dass er eine zweite Erbschaft und eine zweite Chance bekommen hatte. Die Sprache ist altertümlich, die globale Wirkung des Liedes aber bis heute aktuell, denn es beschreibt die Kraft, die durch Gottes Annahme und Vergebung freigesetzt wird:

„Amazing grace how sweet the sound
That saved a wretch like me.
I once was lost but now I'm found,
Was blind but now I see."

John Newton war aus der amerikanischen Armee desertiert und kam auf verschlungenen Pfaden nach Afrika, wo er wie ein Sklave lebte, bevor er selbst zum Sklavenhändler wurde. Er kommandierte sechs Jahre lang ein Schiff, das Sklaven aus Afrika in die amerikanischen Südstaaten transportierte. John Newton kam zum Glauben an Jesus Christus, als er das Buch „Nachfolge" von Thomas von Kempis las, und wurde später Pastor. Den Rest seines Lebens diente er Jesus und den Menschen, besonders den Armen und Versklavten, indem er sich für die Abschaffung der Sklaverei einsetzte. In dem Lied „Amazing Grace" beschreibt er die Erfahrung der Gnade Gottes:

„Twas grace that taught my heart to fear
and grace my fear relieved.
How precious did that grace appear
The hour I first believed."[43]

Eine Inschrift erinnert an sein Leben: „John Newton, einst ein nichtsnutziger Lebemann, wurde durch die reiche Gnade unseres Herrn und Retters Jesus Christus wiederhergestellt, ihm wurde vergeben, und er wurde berufen, das Evangelium zu predigen, welches er lange versucht hatte zu zerstören."

Das Fest des Vaters

„Sein Vater aber befahl den Knechten: [...] *‚Schlachtet das Kalb, das wir gemästet haben! Wir wollen feiern! Mein Sohn*

war tot, jetzt lebt er wieder. Er war verloren, jetzt hat er zurückgefunden.' Und sie begannen ein fröhliches Fest" (Lukas 15,22–24; Hfa).

Henry Nouwen hat gesagt, dass Freude ein Zeichen der Liebe Gottes sei, die uns vor Zynismus und Sarkasmus bewahre. Freude verhindert, dass wir inmitten der traurigen Realität blind werden und die Zeichen der Hoffnung nicht mehr sehen können. Freude bewahrt unsere Seele inmitten einer schwierigen Welt davor, krank zu werden und zu sterben.

Wir sind es nicht mehr gewohnt, uns einfach so zu freuen. Wir sind darauf konditioniert, täglich schlechte Nachrichten über weltweite Konflikte und schier überwältigende Probleme zu hören. Wie oft erzählen Menschen von ihren Rückschlägen, Enttäuschungen und Depressionen! So haben wir es oft nicht leicht, uns von Herzen über die kleinen und über die großen Dinge zu freuen. Und manche Menschen verlernen Freude einfach völlig.

Im Leitungsgremium unserer Gemeinde bemühen wir uns darum, eine Kultur der Freude zu pflegen. Bevor wir uns der oft herausfordernden Agenda widmen, fragen wir uns gegenseitig, was wir Gutes mit Gott erlebt haben. Und dann erzählen wir – Geschichten von Menschen, die sich von Gott zu seinem Fest einladen ließen und Glaubenserfahrungen gemacht haben. Wir berichten von der Wiederherstellung von zerbrochenen Beziehungen, von Heilung und von der Treue und Konsequenz, mit der Menschen in unserer Gemeinde Jesus nachfolgen. Dann freuen wir uns gemeinsam, denn Freude ist das Kennzeichen von Menschen, die ein lebenspendendes Wort gehört haben.

Auch im Neuen Testament werden wir immer wieder aufgefordert: „Freut euch!" – „Freut euch, dass ihr zu Christus gehört. Freut euch, dass eure Namen im Himmel bekannt sind." In einem Lied der Bibel singt ein freudiger Beter: „Du hast mein Klagelied in einen Freudentanz verwandelt. Du hast mir die Trauerkleider ausgezogen und mich mit einem Festgewand bekleidet" (Psalm 30,12; Hfa).

Wer die Botschaft des Evangeliums glaubend verstanden und verstehend geglaubt hat, beginnt sich zu freuen. Er freut sich, dass ihm seine Sünden vergeben wurden. Er freut sich, dass der Tod nicht das letzte Wort hat. Er freut sich, weil er ein geliebtes Kind Gottes ist. Er freut sich, weil er selbst von der Freude des Glaubens, von himmlischer Freude, erfüllt ist.

Jedes Jahr wird in der orthodoxen Osternachtsliturgie die Predigt des Kirchenvaters Johannes Chrysostomos (407 n. Chr.) vorgelesen. Diese Predigt ist eine einzige große Aufforderung mitzufeiern, sich einladen zu lassen:

„Ihr Ersten und ihr Letzten, empfanget den Lohn! Ihr Armen und ihr Reichen, jubelt miteinander! Ihr Ausdauernden und ihr Saumseligen, ehret diesen Tag! Die ihr gefastet habt und die ihr nicht gefastet habt, freut euch heute! Der Tisch ist reichlich gedeckt, genießet alle. Das Kalb ist geschlachtet, niemand gehe hungrig hinaus. Labt euch alle am Gastmahl des Glaubens. Freut euch alle am Reichtum seiner Güte. Niemand klage über seine Armseligkeit, denn erschienen ist das Reich, das allen offen steht. Niemand lasse sich lähmen durch seine Verfehlungen, denn Vergebung ist aufgestrahlt aus dem Grab. Niemand fürchte den Tod, denn des Erlösers Tod hat uns befreit."

Im Zentrum des Gleichnisses steht das Fest des Vaters, das einen zeichenhaften Charakter hat. Es ist ein Vorgeschmack auf das große Festmahl im Himmel, das der Vater mit all seinen Söhnen und Töchtern feiern will. Jean Vanier, der Gründer der „Arche"-Gemeinschaften, hat einmal gesagt: „Das Fest ist wie ein Zeichen dieses Jenseits, das wir Himmel nennen. Es ist Symbol dessen, wonach die Menschheit sich sehnt: eine Erfahrung innerer Verbundenheit."[44]

Der Vater ist der Herr des Festes. Das Fest ist ein Symbol des Reiches Gottes, in dem Freude herrscht und kein Leid mehr existieren kann. Jedes Fest ist ein Abglanz dieses Zustands, ein Hinweis darauf, dass im Himmel die Freude ungebrochen sein wird.

Nun gilt der christliche Glaube allgemein nicht gerade als sinnenfreudig. Durch viele Jahrhunderte der Kirchengeschichte hindurch bedeutete Christentum eigentlich immer Weltflucht, Askese und Kontemplation. Die Kirche regelte das gesamte Leben der Gläubigen, bestimmte, wann und wie oft zu fasten war, und verbrämte die Sexualität mit dem Ruch der Erbsünde. Die Gottesdienste der frommen Gemeinschaften bekamen ohne die Begeisterung der Gründerzeit einen morbiden Anstrich. So konnte es passieren, dass Gottesdienste oft mehr an eine Beerdigung erinnerten als an eine Hochzeit.

Babettes Fest

Von einem Fest der besonderen Art berichtet Tanja Blixens Novelle „Babettes Fest“[45]: Die französische Meisterköchin Babette kommt als Flüchtling nach Norwegen und führt den schlichten Haushalt von zwei ältlichen Jungfern, die einer puritanischen Glaubensgemeinschaft angehören. Die strenggläubige Gemeinde versagt sich jeden Luxus im Blick auf die zu erwartende Herrlichkeit im Himmel. Nach 15 Jahren im Exil wird Babette von einem bescheidenen Lottogewinn überrascht. Sie bittet die beiden alten Damen, zum Andenken an den Gründer der Gemeinschaft für alle Mitglieder ein französisches Festmahl kochen zu dürfen. Und während dieses denkwürdigen Festessens geschieht eine wunderbare Verwandlung der bisher reichlich sinnesfeindlichen Gemeinde.

Babettes Kochkunst führt in der strengen Gemeinschaft zu einer wahren Erweckung der Freude. Verschlossene Gesichter beginnen zu strahlen. Ergraute Gemeindemitglieder erzählen einander aus ihrem Leben, um schließlich zum Abschied auf unsicheren Beinen nach Hause zu tanzen.

Das Besondere an der Novelle: Babette hat das gesamte gewonnene Geld investiert, um sich selbst daran zu erinnern, dass sie eine Kochkünstlerin ist, und um einer in Freudlosigkeit erstarrten Gesellschaft zu zeigen, was ein richtiges Fest ist.

Normalerweise feiern wir besondere Anlässe wie einen Geburtstag, eine Hochzeit, ein Jubiläum, einen Schul- oder Studiumsabschluss. Wenn wir Erfolge und Siege vorweisen können, ist das für uns ein Grund zum Feiern. Das Fest des Vaters ist jedoch die Party für die Versager, die Gala für die Gescheiterten, der Opernball für die Sünder. Das Fest des Vaters macht aus Verlierern Gewinner.

Der amerikanische Pastor Mike Yaconelli führt ein wunderschönes Beispiel dafür an, warum man für „Versager" ein Fest feiern sollte:

„Der arbeitslose Greg und seine Freundin Diana lebten schon eine Zeitlang zusammen, als Diana schwanger wurde. Sie beschlossen, das wenige Geld, das sie für die Hochzeit ausgegeben hätten, für ihr Baby zu sparen. Sie entschieden sich für eine schmucklose Trauung im unpersönlichen Büro eines Friedensrichters. Mein Sohn war ihr einziger Trauzeuge.

Ein paar Wochen später unterhielten sich mein Sohn und seine Freundin über Gregs Hochzeit. ‚Das hatte überhaupt nichts mit einer Hochzeit zu tun', sagte mein Sohn. ‚Es war unpersönlich und traurig.' Beide waren sich einig, dass keine Hochzeit so geschäftsmäßig abgewickelt werden sollte. Keine Hochzeit sollte zu einer unpersönlichen, amtlichen Formalität verkommen. Keine Hochzeit sollte ohne die Unterstützung und Teilnahme von Angehörigen und Freunden stattfinden.

Mein Sohn und seine Freundin schauten einander an und überlegten spontan: ‚Wir könnten doch Greg und Diana mit einer richtigen Hochzeitsfeier überraschen!' Sobald sie die Worte ausgesprochen hatten, wussten sie, was zu tun war. Der Termin wurde festgelegt, beide Familien wurden informiert. Zur allgemeinen Überraschung erklärten sich alle bereit, auf eigene Kosten zu der Feier zu kommen. Insgesamt 70 Leute nahmen diese einmalige Einladung an.

Um sicherzugehen, dass Greg und Diana zu ihrer Überraschungshochzeitsfeier auch erschienen, luden mein Sohn und seine Freundin die beiden zum Essen ein. Als das Paar eintraf, entführte eine Gruppe Freundinnen Diana. Greg wurde von

seinen Freunden entführt. Beide Gruppen holten die Junggesellen-Party nach, die es nie gegeben hatte. Als die Frischvermählten später an diesem Abend wieder zusammenkamen, dachten beide, die Überraschung sei damit vorbei. Man kann sich ihren freudigen Schrecken vorstellen, als sie in das Haus meines Sohnes traten, wo 70 Freunde und Verwandte sie mit dem Ruf: ‚Überraschung!' begrüßten.
Im Garten wartete der Pastor, um die kirchliche Trauung vorzunehmen. Greg und Diana gaben sich ihr Eheversprechen; danach kamen alle Verwandten und Freunde auf sie zu, umarmten sie und flüsterten ihnen einen Segensspruch ins Ohr. Ihre Eltern versprachen, die beiden zu unterstützen. Kein Auge blieb trocken. Bei der gesamten Feier spürte man Gottes Gegenwart. Eine Ehe war durch eine wunderbare Überraschung geheiligt worden."[46]

Ein etwas anderer Gottesdienst

Jesus genoss bei seinen Gegnern einen zweifelhaften Ruf. Er wurde sogar „Fresser und Weinsäufer" genannt. Das Evangelium des Johannes berichtet, dass Jesus sein erstes Wunder auf einem Hochzeitsfest vollbrachte (Johannes 2,1–11) – er verwandelte Wasser in Wein, damit die Hochzeit auch ein Fest blieb. Jesus nahm gern Einladungen zum Essen an und brachte meist gleich ein Dutzend Freunde mit. Er war zu Gast bei der religiösen Elite und ebenso bei den politisch und religiös Unkorrekten. Der Vorwurf gegen ihn lautete: „Weshalb gibt sich euer Lehrer mit solchem Gesindel ab?" (Matthäus 9,11; Hfa). Manchmal lud Jesus sich sogar selbst zum Essen ein: „Ich möchte heute dein Gast sein" (Lukas 19,5; Hfa).

Bei diesen Mahlzeiten, die sich normalerweise viele Stunden hinzogen, sprach er oft über Gottes großes Fest, zu dem viele Menschen eingeladen sind. Bei Jesus wurde ein profanes Essen meist zu einem heiligen Gottesdienst.

Alle Gottesdienste unserer Gemeinde werden von einem Regieteam geplant. Einmal sollte es in der Predigt um Gottes

Einladung zu seinem großen Fest gehen, und wir machten uns darüber Gedanken, wie der Rahmen für diese Predigt aussehen könnte. Auch ein Abendmahl sollte es in diesem Gottesdienst geben. In den meisten Kirchen wird ja das ursprüngliche Festmahl, das Jesus an seinem letzten Abend mit seinen Jüngern feierte, nur noch in homöopathischen Dosierungen gereicht. Wir waren uns aber einig, dass es bei einem Festmahl richtiges Essen und wirklichen Wein geben muss.

Also begannen wir, einen normalen Gottesdienst in eine Dinnerparty zu verwandeln. An verschiedenen Stellen im Gottesdienstraum hatten wir vorher etwas Raum zwischen den Stuhlreihen gelassen. Wir hatten eine ganze Riege Oberkellner, die im Verlauf des Gottesdienstes Tische hereintrugen. Nach der Begrüßung der Gäste wurden die Tische mit weißen Decken ausgestattet. Etwas später kamen die Teller, wieder später Wein, Kerzen und alles, was zu einer festlichen Tafel dazugehört.

Am Ende des Gottesdienstes waren natürlich alle gespannt, was nun kommen würde. Als feierlicher Höhepunkt wurden dann schließlich mehrere gebratene Spanferkel hineingetragen. Nun konnte sich jeder nach Herzenslust bedienen.

Im Alten Testament ruft der Prophet Jeremia den Bewohnern Jerusalems zu: „Der Herr ruft: ‚Ihr habt Durst? Kommt her, hier gibt es Wasser! Auch wer kein Geld hat, kann kommen. Nehmt euch Brot und esst! Hierher! Hier gibt es Wein und Milch. Bedient euch, es kostet nichts! Warum gebt ihr euer sauer verdientes Geld aus für Brot, das nicht sättigt? Hört doch auf mich, und tut, was ich sage, dann bekommt ihr genug! Ihr dürft köstliche Speisen genießen und euch satt essen'" (Jesaja 55,1–2; Hfa).

„Warum gebt ihr euer schwer verdientes Geld für Dinge aus, die nicht satt machen?" Diese Frage ist heute noch genauso aktuell wie damals. Obwohl wir uns fast alles kaufen können, wird unsere Seele nicht satt, der Lebenshunger nicht gestillt. „Hört doch auf mich", sagt der Vater im Gleichnis. „Lasst euch zu einem Festmahl einladen, das nicht mit Geld zu bezahlen ist und das die Seele satt macht!"

Unique Selling Point

„Schlachtet das Kalb, das wir gemästet haben!" (Lukas 15,23; Hfa).

Der deutsche Unternehmensberater Hermann-Josef Zoche kam bei der Analyse eines Großkonzerns zu folgendem Ergebnis: „Diese Firma ist der Wunschtraum jedes Aktionärs: ein echter *Global Player*, absolut liefertreu, bewährtes Vertriebssystem von unerreichter Dichte und dennoch innovativ, 24-Stunden-Service, betont kundenorientiert, verfügt über ein garantiert wertstabiles Produkt, gleicht regionale Krisen traditionell durch Expansion in anderen Gebieten aus, professionelle Produktberater, kostenlose Updates für Mitarbeiter und Kunden. Und was das Beste ist: Diese Firma richtet sich an absolut alle Menschen, weil alle potenzielle Kunden sind und weil sie felsenfest davon überzeugt ist, dass alle ihr Produkt brauchen."[47]

Nein, die Firma heißt nicht „Coca-Cola" und auch nicht „McDonald's", nicht einmal „Microsoft". Sie heißt Kirche. Hermann-Josef Zoche, Priester und Unternehmensberater, der die Kirche als Firma analysiert und dabei zu erfrischenden Ergebnissen kommt, nennt sie „Die Jesus-AG", und sie verkauft „Erlösung".

Was würde ein Unternehmensberater einer solchen Firma nun raten? Die Kirche, so meint der Autor, muss ihren *Unique Selling Point* betonen, also das einzigartige Merkmal ihres Produkts bzw. ihrer Dienstleistung, wodurch sie sich von den Konkurrenten abhebt. Sie muss auf ihre Marke „Jesus Christus" setzen, denn etwas anderes habe sie nicht anzubieten.

Jeder *Global Player* hat ein Markenzeichen. Das christliche Markenzeichen ist das Kreuz, das zentrale Symbol, das für den Tod Jesu steht. So unterschiedliche Staaten wie Dänemark, Burundi, die Schweiz, die Fidschi-Inseln, Australien, Norwegen oder Georgien haben ein Kreuz in ihrer Nationalflagge. Das Kreuz als zentrales christliches Glaubenssymbol fand in der christlichen Symbolik erst nach dem Konzil von

Nizäa (325 n. Chr.) Eingang. Im beginnenden 4. Jahrhundert nach Christus hatte der römische Tribun Konstantin eine legendäre Vision, in der er ein Kreuz sah. Er hörte die Worte „in hoc signo vinces" („In diesem Zeichen wirst du siegen"). Daraufhin stattete Konstantin die Feldzeichen (Banner) seiner Armee mit einem Kreuz aus, besiegte seinen Gegenspieler und wurde römischer Kaiser. Er tolerierte das Christentum nicht nur, sondern förderte auch seine Anerkennung im Römischen Reich und bot den Christen die Möglichkeit, gefahrlos die Botschaft vom Kreuzestod und der Auferstehung Jesu öffentlich zu bekennen.

Das Kreuz, einst das grausame Werkzeug der römischen Todesstrafe, wurde zentrales Glaubenssymbol, Markenzeichen und Alleinstellungsmerkmal des Christentums. Mit dem wachsenden Bekanntheitsgrad des Symbols trat die „anstößige" Bedeutung des Kreuzes aber immer mehr in den Hintergrund und es verblasste zum bedeutungslosen Modeschmuck.

Mit der Botschaft vom Kreuz erntete Paulus auf dem Areopag, dem Marktplatz von Athen, nur Spott und Hohn und musste unverrichteter Dinge von dannen ziehen. In einem Brief an die junge Gemeinde in Griechenland stellt er fest: „Denn die Juden fordern Zeichen, und die Griechen fragen nach Weisheit, wir aber predigen den gekreuzigten Christus, den Juden ein Ärgernis und den Griechen eine Torheit" (1. Korinther 1,22–23; LÜ).

Daran hat sich bis heute nicht viel geändert. Das Paradoxon des Kreuzes stößt auf den Widerstand unseres Wunsches nach klarem, widerspruchsfreiem Denken. Der Dichterfürst Johann Wolfgang von Goethe brachte es auf den Punkt: „Mir willst du zum Gotte machen / Solch ein Jammerbild am Holze!"[48]

Das Kreuz war den Menschen jüdischen Glaubens ein Ärgernis, weil sie ein Zeichen der Macht Gottes sehen wollten. Ein gekreuzigter Verbrecher kann aber aus jüdischer Sicht nicht der „beglaubigte" Sohn Gottes sein. Außerdem zeigt die verhinderte Opferung Isaaks, dass Gott keine Menschenopfer mag, also folglich auch keinen Menschensohn als Opfer will.

Das Kreuz ist der griechischen Welt eine Torheit, weil es philosophisch keinen Sinn macht, dass der Sohn Gottes das Gottsein aufgibt. Das Ziel der griechischen Philosophie war es, den Menschen von seiner irdischen Hülle namens Körper zu lösen, um endlich eine befreite Seele zu werden. Unvorstellbar, dass ein unsterblicher Gott die vergängliche menschliche Hülle anziehen sollte.

Das Kreuz, an dem der Sohn Gottes sein Leben verliert, ist für den Islam nichts anderes als eine Gotteslästerung. „Allah hat Sich keinen Sohn zugesellt, noch ist irgendein Gott neben Ihm: Allah ist nur ein einziger Gott. Es liegt Seiner Herrlichkeit fern, Ihm ein Kind zuzuschreiben“ (Sure 23: 91).

In den modernen westlichen Ländern besteht das Skandalon des Kreuzes darin, dass es kein Zeichen mehr ist, dem widersprochen wird. Es lässt den Europäer kalt, es interessiert ihn nicht. Ihm sind alle Religionen gleich gültig, ihm ist alles gleichgültig. Das Symbol des Kreuzes ist heute weltweit präsent – aber das, wofür dieses Zeichen steht, scheint immer unbekannter zu werden.

Narrenfreiheit

Der Apostel Paulus hat die Botschaft vom Kreuz Christi einmal als „Torheit“, als etwas Unvernünftiges, und gleichzeitig als Weisheit Gottes bezeichnet:

„Denn das Wort vom Kreuz ist eine Torheit denen, die verloren werden; uns aber, die wir selig werden, ist's eine Gotteskraft. Denn es steht geschrieben: ‚Ich will zunichte machen die Weisheit der Weisen, und den Verstand der Verständigen will ich verwerfen.‘ Wo sind die Klugen? Wo sind die Schriftgelehrten? Wo sind die Weisen dieser Welt? Hat nicht Gott die Weisheit der Welt zur Torheit gemacht? Denn weil die Welt, umgeben von der Weisheit Gottes, Gott durch ihre Weisheit nicht erkannte, gefiel es Gott wohl, durch die Torheit der

Predigt selig zu machen, die daran glauben. Denn die Juden fordern Zeichen, und die Griechen fragen nach Weisheit, wir aber predigen den gekreuzigten Christus, den Juden ein Ärgernis und den Griechen eine Torheit; denen aber, die berufen sind, Juden und Griechen, predigen wir Christus als Gottes Kraft und Gottes Weisheit" (1. Korinther 1,18–24; LÜ).

Paulus fordert mit seinen Worten die gesamte Gelehrtheit der antiken Welt heraus. Gott hat die Weisheit der Weisen zur Torheit erklärt, die Überlegenheit der Wissensgesellschaft als ungenügend bezeichnet, die Aufgeklärtheit der Aufgeklärten als dürftig gebrandmarkt. Er stellt Inkompetenz bei den Experten fest, die sich professionell mit Weisheit und Wissen beschäftigen.

Paulus' Begründung dafür lautet: Gottes Torheit und Weisheit sind weiser als der Menschen Weisheit. Gottes Torheit und Weisheit sind das Kreuz. Gottes Torheit und Weisheit waren es, seinen Sohn Jesus zu senden, damit alle, die an ihn glauben, gerettet werden und nicht verloren gehen. Gott hat sich entschlossen, durch seinen Sohn Jesus Christus alle Menschen anzunehmen, alle Schuld zu vergeben und ihnen neues und ewiges Leben zu schenken.

Der Skandal des Kreuzes ist ein gekreuzigter, ein schwacher Gott. Die Verkündigung des Evangeliums ist ein Paradoxon. Weil Gott einen Weg gewählt hat, der in den Augen der Welt eine Dummheit ist, macht er dadurch die Weisheit der Welt zunichte. Paulus sagt: „Denn das Wort vom Kreuz ist eine Torheit denen, die verloren werden; uns aber, die wir selig werden, ist's eine Gotteskraft."

Kennen Sie den spöttischen Satz: „Wer's glaubt, wird selig"? Mit Paulus gesprochen: Wer dem Evangelium von Jesus glaubt, wird selig, er wird gerettet. Wer es nicht glaubt, geht verloren. „Wer's glaubt, wird selig": Das ist die Torheit des Evangeliums.

Rein theologisch gesehen bedeutet das Kreuz Folgendes: Jesus Christus starb für die Sünde der Welt, also für unsere, für meine tatsächliche Schuld. Die Botschaft, dass Jesus für unsere Sünden starb, nennt man „Evangelium“. Evangelium bedeutet „Gute Nachricht“. Nur: Warum soll der Kreuzestod eines jüdischen Zimmermanns aus Galiläa eine gute Nachricht für die ganze Welt sein?

Diese Frage führt uns wieder zurück zum Gleichnis Jesu vom Vater und seinen Söhnen.

Damit die Gäste im Gleichnis fröhlich feiern konnten, musste das dafür vorgesehene Mastkalb sterben. Das Mastkalb war ein besonderes Kalb, das unter der Obhut des Vaters aufgewachsen war, es gehörte ihm, er selbst hatte es liebevoll aufgezogen. Das Mastkalb sollte zu einem ganz besonderen Anlass geschlachtet werden. Das Mastkalb im Gleichnis steht für Jesus selbst. Er hat das Ziel seines Lebens mit folgenden Worten beschrieben: „Denn auch der Menschensohn ist nicht gekommen, um sich dienen zu lassen, sondern um zu dienen und sein Leben hinzugeben als Lösegeld für viele“ (Matthäus 20,28; LÜ).

Sein Tod am Kreuz war kein bedauerlicher Betriebsunfall der Weltgeschichte, sondern das Ziel seines Lebens. Aus diesem Grund behaupten auch die Verfasser der neutestamentlichen Bücher, dass der Tod Jesu eine Gute Nachricht für diejenigen ist, die jenseits von Eden, im Haus der Fremde leben.

Laut dem Evangelium des Johannes ist der Kreuzestod Jesu auf die Liebe des Vaters für die Welt zurückzuführen: „Denn Gott hat die Menschen so sehr geliebt, dass er seinen einzigen Sohn für sie hergab. Jeder, der an ihn glaubt, wird nicht verloren gehen, sondern das ewige Leben haben“ (Johannes 3,16; Hfa). Paulus beschreibt, dass jeder Mensch dank des stellvertretenden Tods von Jesus vor Gott treten kann, ohne sich schämen zu müssen (Kolosser 1,22). Johannes schreibt, dass Jesus Christus uns „durch seinen Tod am Kreuz von unseren Sünden befreit hat“ (Offenbarung 1,5; Hfa). Paulus erinnert die christliche Gemeinde in Korinth daran, dass er bei ihnen „von nichts anderem sprechen [will] als von Jesus Christus und von seinem Tod am Kreuz“ (1. Korinther 2,2; Hfa).

Man kann also zu Recht sagen, dass das Kreuz bzw. die Bedeutung des Kreuzes das Zentrum des Evangeliums ist.

Der große amerikanische Evangelist Billy Graham hat einmal zum Thema „Evangelium" gesagt: „Das Evangelium ist eine einfache Botschaft. Ich war in Papua-Neuguinea und habe das Evangelium dort Analphabeten verkündigt. Sie haben es verstanden, geglaubt und angenommen. Ich war im englischen Oxford und predigte das Evangelium vor Professoren und Studenten. Sie haben es verstanden, geglaubt und angenommen. Es ist eine einfache Botschaft, die jeder verstehen, glauben und annehmen kann."

Der Prinz und der Bettelknabe

Mark Twain war neben Karl May der Lieblingsautor meiner Kindheit. Eines seiner Bücher handelt vom Prinzen und dem Bettelknaben. Ein Prinz und ein Bettlerjunge treffen sich am Tor des königlichen Palastes, nur getrennt durch Gitterstäbe. Sie stellen erstaunt fest, dass sie sich zum Verwechseln ähnlich sehen, und tauschen aus Spaß die Kleider und die Rolle, um jeweils die Welt des anderen zu erleben.

Genau das hat Jesus getan. Die Bibel sagt, dass Jesus Gottes Sohn war. Er war der Ewige, der Schöpfer, ausgestattet mit aller Macht und Herrlichkeit. All das, was er war, hat er eingetauscht gegen die Lumpen eines Bettlers, indem er Mensch wurde und nichts Göttliches mehr hatte. Er wurde wie wir. Der Prinz des Himmels wurde zum irdischen Bettelknaben.

Der zentrale Punkt neutestamentlicher Theologie ist die Lehre vom stellvertretenden Tod Christi. Jesus, der Sohn des Vaters, starb an unserer Stelle und versöhnte uns Menschen, die durch die Sünde von Gott getrennt sind, wieder mit dem Vater. Im Wort „Versöhnung" steckt das Wort Sühne. Jesus hat am Kreuz für unsere Sünden gesühnt – gelitten, geblutet, gebüßt. Aber warum war Versöhnung notwendig?

Im viktorianischen England gab es eine denkwürdige „Erfindung": Wenn die jungen Herrschaften den Anweisungen ihrer Lehrer nicht mit genügend Respekt Folge leisteten oder eine der vielen Regeln missachteten, folgte auf der Stelle eine körperliche Züchtigung. Allerdings gab es ein Problem: Ein gewöhnlicher Lehrer, der im gesellschaftlichen Rang weit unter seinem Zögling stand, konnte seinen adligen Schüler unmöglich bestrafen. Und doch musste der Lehrer für Gerechtigkeit sorgen. Um diese prekäre Situation zu lösen, wurde das Amt des „Prügelknaben" geschaffen: Kinder armer Eltern wurden stellvertretend für die Vergehen des adligen Kindes geschlagen. Die wirklich Schuldigen mussten bei der Prozedur zusehen, die von Rechts wegen ihnen galt.

Als Jesus an einem Kreuz stellvertretend für unsere Sünden starb, wurde er freiwillig zum Prügelknaben für die ganze Welt. 2004 kam Mel Gibsons umstrittener Film „Die Passion Christi" in die Kinos. Man kann den Film zweifellos zu Recht als blutig, brutal und abstoßend bezeichnen. Er führt drastisch vor Augen, was der Prophet Jesaja über das stellvertretende Leiden eines Unschuldigen gesagt hat: „Doch er wurde blutig geschlagen, weil wir Gott die Treue gebrochen hatten; wegen unserer Sünden wurde er durchbohrt. Er wurde für uns bestraft – und wir? Wir haben nun Frieden mit Gott! Durch seine Wunden sind wir geheilt" (Jesaja 53,5; Hfa).

Unabhängig davon, ob wir verstehen, warum Gott seinen eigenen Sohn stellvertretend leiden ließ und sich nicht einen unblutigeren Weg ausgesucht hat, um uns zu erlösen, interpretiert der Film den Tod Jesu konsequent als Opfer für meine und Ihre tatsächlichen Sünden.

Wenn jemand leidet, löst das bei anderen Menschen oft Mitleid aus. Eigentlich heißt unser heute anders besetzter Begriff *Sympathie* direkt übersetzt „Mitleid". Es bedeutet, sich mit einem anderen und seinem Schicksal zu identifizieren.

Genau das hat Jesus am Kreuz für uns getan. Unser Leid wurde seine Sympathie, unser Leid wurde auch sein Leid. Er wurde zum Sympathieträger der besonderen Art, als er am Kreuz unsere Schuld und unsere Schmerzen auf sich nahm. Gottes Sympathie besteht nicht aus einem netten: „Hallo, wie geht's dir? Wir sollten uns mal wieder treffen!" Gottes Sympathie für uns besteht darin, dass er am Kreuz unsere Verletzungen erlitt, unsere erlittene Ungerechtigkeit spürte, unseren

Tumor in sich fühlte, dass unsere Einsamkeit in ihm brannte, unsere Sünde ihn verunreinigte und dass unser Unglaube ihn ohrfeigte. So sieht Gottes Sympathie für die Menschen aus.

Als Kind habe ich mit Begeisterung die Abenteuerbücher von Karl May verschlungen. Als dann einige Romane verfilmt wurden, habe ich mir diese Filme immer wieder angeschaut. Die bekanntesten Figuren Karl Mays waren ohne Zweifel Winnetou, der Häuptling der Apachen, und Old Shatterhand, der Winnetou vor dem Marterpfahl gerettet hatte und deshalb sein Blutsbruder wurde. Die beiden Freunde bestanden ein Abenteuer nach dem anderen und ritten zum Schluss des Films Seite an Seite in den Sonnenuntergang. Ein Paradebeispiel für eine echte Männerfreundschaft. Die ergreifendste Szene in „Winnetou III" besteht darin, dass ein Bösewicht auf Old Shatterhand schießt, als dieser gerade abgelenkt ist. Winnetou sieht das, wirft sich als lebendigen Schutzschild vor seinen Freund und fängt die tödliche Kugel mit seinem Körper ab.

Winnetou stirbt an der Stelle von Old Shatterhand. Sein Tod rettet dem Freund das Leben. Was Winnetou für Old Shatterhand getan hat, hat Jesus am Kreuz für alle Menschen getan. Deshalb ist das Kreuz zu Recht das Markenzeichen des größten *Global Players* – Jesus.

Jesus war ein Weltbürger, dessen Wirken aber lokal beschränkt war. Sein Leben, Sterben und Auferstehen geschah in einem relativ begrenzten Raum, aber die Wirkung seines Lebens und Sterbens war global – weltweit wirksam. Das Johannesevangelium beschreibt seine Botschaft für die ganze Welt: „Denn so sehr hat Gott die Welt geliebt, dass er seinen einzigen Sohn gab, damit alle, die an ihn glauben, nicht verloren werden, sondern das ewige Leben haben" (Johannes 3,16; Hfa).

Gewöhnlich holen die *Global Players* dieser Welt alles aus einem Land, einem Betrieb oder einem Menschen heraus, um den eigenen Reichtum zu vermehren. Jesus, der Sohn Gottes, gab sein ganzes Leben hin, damit jeder Mensch das Beste von ihm haben konnte. Das Beste von Jesus wird im Neuen

Testament mit verschiedenen religiösen Begriffen bezeichnet: Erlösung, Rettung, ewiges Leben, Kindschaft, Vergebung der Schuld.

Jesus, der Gottessohn, gab sein Gottsein, seine Herrlichkeit, seine Unsterblichkeit auf und wurde Mensch wie wir. Er gab sein Recht auf Familie, auf Sexualität, auf ein schönes Leben auf. Er gab sogar das Recht auf ein leichtes Sterben auf, um der Menschheit den Weg zum Haus des Vaters zu weisen. Die ersten Christen beschrieben später das Handeln und die Bedeutung Jesu Christi in einem Hymnus:

„Er war Gott gleich, hielt aber nicht daran fest, wie Gott zu sein, sondern er entäußerte sich und wurde wie ein Sklave und den Menschen gleich. Sein Leben war das eines Menschen; er erniedrigte sich und war gehorsam bis zum Tod, bis zum Tod am Kreuz. Darum hat ihn Gott über alle erhöht und ihm den Namen verliehen, der größer ist als alle Namen, damit alle im Himmel, auf der Erde und unter der Erde ihre Knie beugen vor dem Namen Jesu und jeder Mund bekennt: ‚Jesus Christus ist der Herr' – zur Ehre Gottes, des Vaters" (Philipper 2,6–11; Einheitsübersetzung).

Annahme verweigert

„Inzwischen kam der ältere Sohn nach Hause. Er hatte auf dem Feld gearbeitet und hörte schon von weitem die Tanzmusik. Erstaunt fragte er einen Knecht: ‚Was wird denn hier gefeiert?' ‚Dein Bruder ist wieder da', antwortete er ihm. ‚Dein Vater hat sich darüber so gefreut, dass er das Mastkalb schlachten ließ. Jetzt feiern sie ein großes Fest.' Der ältere Bruder wurde wütend und wollte nicht ins Haus gehen. Da kam sein Vater zu ihm und bat: ‚Komm und freu dich mit uns!' Doch er entgegnete ihm bitter: ‚Wie ein Arbeiter habe ich mich all diese Jahre für dich geschunden. Alles habe ich getan, was du von mir verlangt hast. Aber nie hast du mir auch nur eine junge Ziege gegeben, damit ich mit meinen

Freunden einmal hätte richtig feiern können. Und jetzt, wo dein Sohn zurückkommt, der dein Geld mit Huren durchgebracht und alles verprasst hat, jetzt gibt es gleich ein Fest, und du lässt sogar das Mastkalb schlachten!'
Sein Vater redete ihm zu: ‚Mein Sohn, du bist immer bei mir gewesen. Was ich habe, gehört auch dir. Darum komm, wir haben allen Grund zu feiern. Denn dein Bruder war für uns tot, jetzt hat für ihn ein neues Leben begonnen. Er war verloren, jetzt hat er zurückgefunden!'" (Lukas 15,25–32; Hfa).

„Annahme verweigert" steht auf einem Paket, das die Post an den Absender zurückschickt. Der Empfänger wollte es nicht haben. Im Gleichnis Jesu verweigert der ältere Sohn dem jüngeren die Annahme. Er will ihn nicht willkommen heißen, geschweige denn sich mit ihm freuen. Der Vater, der dem älteren Sohn mit genauso viel Liebe entgegengeht wie dem jüngeren, will den älteren Bruder unbedingt dabeihaben. Ohne den älteren Bruder bleibt das Fest unvollkommen, die Festfreude getrübt.

Rembrandts Alterswerk, die Krönung seines Schaffens, ist ein Gemälde mit dem Titel „Die Rückkehr des verlorenen Sohnes". Rembrandt hat sein ganzes Herz in dieses Bild hineingelegt, das in St. Petersburg in der „Eremitage" zu sehen ist.

Das Bild zeigt nicht nur den Vater und den verlorenen Sohn, sondern auch, etwas abseits stehend, den älteren Bruder. Im Mittelpunkt des Bildes kniet der zurückgekehrte Sohn vor dem Vater. Der Vater zieht den Sohn mit segnenden Händen liebevoll an seine Brust. Der ältere Bruder schaut skeptisch und distanziert auf die Szenerie und kann und will die Empfindungen des Vaters offensichtlich nicht teilen. Er will sich nicht freuen und nicht mitfeiern. Er wird zum Spielverderber. Auch von all den guten Worten des Vaters lässt er sich nicht einladen, am Fest teilzunehmen. Er verweigert sich.

Eines Tages hatten wir einige Freunde zu einem Fest eingeladen. Wir hatten alles vorbereitet, das Haus war geputzt, das Essen liebevoll zubereitet und wir hatten uns innerlich darauf eingestellt zu feiern.

Um 20:30 Uhr war noch nicht einer der Gäste da. Es wurde 21:00 Uhr, niemand tauchte auf. Ich kramte die Einladungskarten hervor und sah nach, ob ich vielleicht ein falsches Datum eingetragen hatte. Aber alles war in Ordnung. Das kalte Büfett wurde immer kälter und die erste Flasche Wein war schon fast leer. Irgendwann klingelte das Telefon, und jemand meldete sich ab, und als wir langsam aufräumten, kam dann doch noch ein spätes Pärchen. Wir waren sehr enttäuscht, denn unsere Einladung war ernst gemeint gewesen, und wir wussten nicht, warum sie so gering geachtet wurde.

Später stellte sich dann heraus, dass eine ganze Reihe der Eingeladenen gedacht hatten: „Zu denen kommen bestimmt so viele Leute, da will ich ihnen nicht auch noch auf den Wecker fallen. Das wird sowieso zu voll." Einige hatten auch die Einladungskarten verlegt oder das Datum vergessen, und wieder anderen war etwas Wichtiges dazwischengekommen.

Alles verständliche Gründe. Trotzdem – wir waren enttäuscht. Jesus erzählte einmal ein Gleichnis, in dem eine ähnliche Situation beschrieben wird:

„Ein Mann bereitete ein großes Festessen vor, zu dem er viele Gäste einlud. Als alles fertig war, schickte er seinen Boten zu den Eingeladenen: ‚Alles ist vorbereitet, kommt!' Aber niemand kam. Jeder hatte auf einmal Ausreden. Einer sagte: ‚Ich habe ein Grundstück gekauft, das muss ich unbedingt besichtigen. Bitte entschuldige mich!' Ein anderer: ‚Es geht leider nicht. Ich habe mir fünf Gespanne Ochsen angeschafft. Die muss ich jetzt ansehen!' Ein dritter entschuldigte sich: ‚Ich habe gerade geheiratet. Du wirst verstehen, dass ich nicht kommen kann.' Der Bote kehrte zurück und berichtete alles seinem Herrn. Der wurde sehr zornig: ‚Geh gleich auf die Straßen, auf alle Plätze der Stadt und hole die Bettler, Krüppel, Lahmen und Blinden herein!' Der Bote kam zurück und berichtete: ‚Es sind viele gekommen, aber noch immer sind Plätze frei!' ‚Geh auf die Landstraßen', befahl der Herr, ‚und bringe her, wen du finden kannst! Jeder ist eingeladen. Mein Haus soll voll werden. Aber von denen, die ich zuerst

eingeladen habe, wird keiner auch nur einen einzigen Bissen bekommen'" (Lukas 14,16–24; Hfa).

Als ich dieses Gleichnis las und an unser missglücktes Fest dachte, bekam ich eine Ahnung davon, wie es Gott zu Mute sein muss, wenn ein Mensch seine Einladung zu seinem großen Fest ausschlägt, weil er vermeintlich Wichtigeres zu tun hat.

Im Himmel läuft die Vorbereitung für eine Feier der Superlative, denn Milliarden von Menschen sind eingeladen. Weil der Platz auf der Erde für die große Runde zu klein ist, soll die Feier ein paar Stockwerke höher im Himmel stattfinden. Gott hat sich sehr viel Mühe gegeben, damit alle einen Platz finden. Das Engelsorchester hat geübt und der himmlische Küchenchef hat ein 8-Gänge-Menü vorbereitet. Der Wein ist vom Feinsten. Nun fehlen nur noch die Gäste.

Gott kann sich nichts Größeres vorstellen, als dass so viele Menschen wie möglich bei seiner großen Feier dabei sind. Die VIPs haben zum größten Teil abgewinkt. Sie wollten die Einladung, die der Diener – und der ist Jesus selbst – überbracht hat, nicht annehmen; sie wussten sie nicht zu schätzen. Dann erst wurde der Diener zu denen gesandt, die eigentlich niemand bei sich sehen möchte.

Um die Einladung Gottes zu verdeutlichen, deckten wir während eines Gottesdienstes auf der Bühne einen großen Tisch mit allerlei Leckereien. Das Einzige, was fehlte, waren die Gäste. Ich lud die Gottesdienstbesucher ein, zu kommen und sich zu setzen, etwas zu trinken und es sich gutgehen zu lassen.

Meinem ersten Aufruf folgte niemand. Natürlich ist es ungewohnt, sogar etwas peinlich, an einem Tisch Platz zu nehmen, den jeder sehen kann. Nach der ersten missglückten Einladung ging ich durch den Raum und lud persönlich einzelne Leute ein, mit mir zu feiern. Nach und nach füllte sich die Tafel mit Menschen, die auf der Bühne ein Glas Wein tranken und leckere Antipasti aßen.

Weil immer noch Platz an der Tafel war, sprach ich eine

weitere Einladung aus: „Vielleicht sind einige Menschen hier, die selten eingeladen wurden. Vielleicht fühlt sich auch mancher wie ein Verkrüppelter, ein Aussätziger, weil er oder sie den Eindruck hat: Von mir will sowieso niemand etwas wissen. Vielleicht denkst du: Ich passe nirgends so richtig hin und eigentlich ist doch niemand wirklich an mir interessiert. Vielleicht hast du erlebt, dass deine Eltern nur wenig von dir wissen wollten und dich nur abgeschoben haben. Vielleicht bist du mit dem Grundgefühl aufgewachsen, dass du eigentlich überflüssig, nicht erwünscht bist. Wenn du jetzt hörst, dass Gott dich zu seiner großen Feier einlädt, dann kannst du gar nicht glauben, dass er wirklich *dich* meint. Doch Gott meint dich! Er lädt dich ein, so zu kommen, wie du bist. Er schickt sogar seine Diener aus, damit diese nach dir Ausschau halten."

Ein trauriges Versteckspiel

Manchmal sind wir wie Kinder, die Verstecken spielen. Wir sitzen im Versteck und freuen uns darüber, wenn alle draußen herumlaufen und uns suchen. Aber was ist, wenn die Suchenden das Versteck nach zehn Minuten noch immer nicht gefunden haben? Irgendwann wird das Kind im Versteck unruhig und denkt: *Jetzt muss doch endlich mal jemand kommen und mich finden!* Wenn niemand Sie sucht und findet, macht das Spiel nach kurzer Zeit keinen Spaß mehr.

Zwischen meiner Frau und mir gibt es manchmal Streit. Wenn wir uns nicht einigen können, dann geht es normalerweise folgendermaßen weiter: Ich verschwinde grollend in meinem Arbeitszimmer und knalle die Tür extra laut zu. Dann sitze ich da: *Grummel, grummel.* Demütig bete ich: *Vielen Dank, Herr, für diese wunderbare und verständnisvolle Frau.* Meine Frau sitzt unten und denkt wahrscheinlich: *Mit was für einem sensiblen, verständnisvollen und sanften Mann bin ich doch gesegnet! Unter allen Frauen habe ich es am besten getroffen!* (Aber vielleicht täusche ich mich auch.)

Ich sitze also schmollend in meinem Arbeitszimmer. Und dort sitze ich und sitze. Aber nach einiger Zeit möchte ich gar nicht mehr sauer sein. Was ich eigentlich will, ist einfach: Ich möchte, dass meine Frau die Tür aufmacht, zu mir kommt, mir die Arme um den Hals legt und mich aus meiner Höhle des Selbstmitleids herausholt.

Ich möchte gefunden werden, auch wenn ich mich verstecke. Ich möchte, dass mir jemand nachgeht, auch wenn ich die Tür hinter mir zuknalle. Ich möchte in den Arm genommen werden, auch wenn ich den anderen wegstoße. Ich möchte, dass jemand es bei mir aushält, auch wenn ich unmöglich bin. Ich möchte angerufen werden, auch wenn ich nicht ans Telefon gehe. Ich möchte geliebt werden, auch wenn ich es anderen schwermache, mich zu lieben. Ich möchte, dass jemand sieht, wie schwach ich bin, auch wenn ich eine perfekte Maske trage.

Wann höre ich endlich auf, mich zu verstecken? Wann finde ich den Mut, zu mir zu stehen, zu meinen Hässlichkeiten und zu meinen Verletzungen?

Dann, wenn ich geliebt werde und mich geliebt fühle. Im Gleichnis Jesu hält der Vater die Vorwürfe des älteren Sohnes aus: „Nie hast du mir etwas gegeben, damit ich hätte feiern können." Mit „Niemals ..." oder „Immer ..." beginnen die Vorwürfe eines verletzten Menschen, dessen Schmerz wie ein Wildbach aus ihm hervorbricht.

Welcher Schmerz auch immer in uns wütet, welche Anklagen wir gegen Gott gesammelt haben – der Vater hält sie aus. Er hält den Schmerz des älteren Bruders und auch unseren aus. Vielleicht würde er auch zu uns sagen: „Mein Sohn, du bist immer bei mir gewesen. Was ich habe, gehört auch dir."

Mit diesem Satz wird ein Tor in die Zukunft geöffnet. Die älteren Brüder müssen nicht in der Vergangenheit gefangen bleiben. Sie können nach vorne blicken. Sie sind nicht dazu verurteilt, über das zu klagen, was hinter ihnen liegt, denn sie sind befreit zu entdecken, was ihnen gehört.

In Hamburg wurde viele Jahre lang jeden Abend das Musical „Das Phantom der Oper" aufgeführt. In dieser Geschichte geht es um einen Mann, der eine Maske trägt, um sein deformiertes Gesicht zu verbergen. Er lebt in den Katakomben des Pariser Opernhauses, um seine Existenz und seine Untaten zu verbergen. Aber eine Sängerin namens Christine berührt sein Herz. Auf dem Höhepunkt der Geschichte nimmt das Phantom vor Christine seine Maske ab. Er entscheidet sich dafür, gefunden und gesehen zu werden. Das Phantom weiß, sein Gesicht ist grausam entstellt und voller Narben. Er wartet darauf, dass Christine voller Entsetzen aufschreit, als sie sein Gesicht sieht. Aber der Schrei bleibt aus. Ihr Herz ist voller Mitleid. Sie wendet sich nicht von ihm ab, sondern küsst zärtlich sein vernarbtes Gesicht. Christines Liebe beginnt das Phantom zu verändern. Er gibt sein Versteckspiel auf.

Wer sein Versteckspiel aufgibt, wer seine Schwäche zugibt, der erlebt, dass er geliebt wird, so wie er wirklich ist. Gott wendet sich nicht erschrocken oder verächtlich von uns ab, wenn wir unsere Masken fallen lassen. Er nimmt uns in den Arm und berührt liebevoll die Narben unseres Lebens, damit Heilung möglich ist.

Weil Gott weiß, dass wir uns danach sehnen, gefunden zu werden, sucht er uns. Er weiß, dass wir uns verirrt haben. Er weiß, dass wir zum Fest kommen wollen, auch wenn wir uns noch nicht von seinen Dienern einladen lassen. Sein Haus und sein Herz sind groß genug für alle, die sich einladen lassen. Die Dauer dieses Festmahls ist nämlich ewig. Wer die Einladung annimmt, der wird ewig leben.

Eine Frage drängt sich an diesem Punkt geradezu auf: Was hindert eigentlich irgendjemanden, was hindert *mich* daran, die Einladung zu Gottes Festmahl anzunehmen?

Aufbruch

Damals wie heute hören Menschen die Botschaft des Evangeliums, ohne sie überhaupt wahrzunehmen. In den westlichen Ländern herrscht schlicht und ergreifend vielerorts Desinteresse an spirituellen Dingen. Wie im Fall des jüngeren Sohnes im Gleichnis sind den Menschen Karriere, Familie, Geschäfte wichtiger als die Einladung Gottes. Es scheint nicht so dringlich zu sein, darauf zu reagieren. Trotzdem hat unser Desinteresse Konsequenzen.

Gott lädt uns Menschen nicht ein, weil er sich im Himmel einsam fühlt. Er lädt uns eindringlich ein, weil er weiß, dass diejenigen, die seine Einladung ablehnen, an dem Festmahl im Himmel nicht teilnehmen können. Im Lukasevangelium heißt es: „Aus der ganzen Welt, aus Ost und West, aus Nord und Süd werden die Menschen in Gottes Reich, zu Gottes Fest kommen. Vergesst nicht: Viele, die hier nichts gelten, werden dort hoch geehrt, aber viele, die hier einen großen Namen haben, sind dort unbekannt" (Lukas 13,29–30; Hfa). Zu Gottes großem Fest sind alle Menschen eingeladen – aber nur diejenigen, die die Einladung auch annehmen, werden dabei sein können.

Vor einigen Jahren erhielt ich eine Einladung zu einer kommunalen Veranstaltung. Da ich krank war, sagte ich schriftlich ab. Am Tag der Veranstaltung ging es mir allerdings wesentlich besser und ich ging spontan doch hin. Der Bürgermeister hatte jedoch nicht gesehen, dass ich doch da war, und nannte die Ehrengäste namentlich, darunter auch die Geistlichen der Stadt – nur mich nicht, obwohl ich neben den anderen Pfarrern und Pastoren saß. Einer der Pfarrer schaute mich an und fragte: „Warum nennt er Ihren Namen nicht?" Die Antwort war einfach: Der Bürgermeister dachte, dass ich die Einladung nicht angenommen hätte.

Im letzten Buch der Bibel wird die Einladung Jesu wiederholt: „Noch stehe ich vor deiner Tür und klopfe an. Wer jetzt auf meine Stimme hört und mir die Tür öffnet, bei dem werde ich einkehren. Gemeinsam werden wir das Festmahl essen" (Offenbarung 3,20; Hfa).

Das Gleichnis Jesu vom Vater und seinen zwei Söhnen hat einen doppelten Ausgang: Während der jüngere Bruder die Einladung des Vaters annimmt, bleibt offen, wie der ältere Bruder handeln wird.

Das Gleichnis spiegelt die Geschichte unserer Welt wider.

Im jüngeren Bruder zeigen sich vor allem die jungen, stark wachsenden Gemeinden in Asien, China, Lateinamerika und großen Teilen von Afrika. In vielen dieser Länder sind Megakirchen mit Tausenden und Abertausenden von Mitgliedern entstanden.

Der ältere Bruder steht für das westliche Christentum. Ein Großteil der Bevölkerung gehört formal einer Kirche an, also dem Haus des Vaters. Gleichzeitig veranschaulichen die leeren Kirchen und die leidenschaftslosen Gottesdienste die innere Distanz des älteren Bruders zu seinem Vater.

Dass Religion eine Nebenrolle spielt, stimmt nur im Blick auf das europäische Christentum, das vor lauter Privilegien und Wohlstand ignorant und harmlos geworden ist. Die in den vergangenen Jahren durch den Hype um den Papst entstandene katholische „Eventkultur" zeigt aber erste, zarte Hinweise darauf, dass auch in Europa das Christentum wieder erwachen könnte.

In vielen großen Städten der Welt ist dieses Erwachen schon sichtbar:

- In Kiew steht die *Embassy of God*-Kirche. Sie wird von dem afrikanischen Pastor Sunday Adelaja geleitet und ist mit 20.000 Mitgliedern Europas größte evangelikale Gemeinde.
- In den Vereinigten Staaten gibt es eine Gemeinde, deren Dynamik über alle Konfessionen hinweg immer neu in Erstaunen versetzt: Die *Willow Creek Community Church* in einem Vorort von Chicago wird jeden Sonntag in mehreren Gottesdiensten von 20.000 Gottesdienstbesuchern besucht.
- Im Süden Afrikas formiert sich eine glaubensstarke Gemeinde, deren Lebendigkeit dem allgegenwärtigen Mord und Totschlag trotzt. In Nigeria strömen Millionen von Menschen in die Megakirchen, die dort in den vergangenen 15 Jahren entstanden sind. In der nigerianischen Hauptstadt Lagos leitet Pastor William Kumuyi die *Deeper Christian Life Ministry* mit 120.000 begeisterten Gottesdienstbesuchern.

- Die *Misión Carismatica Internacional* des kolumbianischen Prediger-Ehepaars Cesar und Claudia Castellanos zählt über 200.000 Mitglieder.
- In Koreas Hauptstadt Seoul befindet sich die derzeit größte Gemeinde der Welt: Die *Yoido Full Gospel Church* mit über 700.000 Mitgliedern, die seit 40 Jahren von Pastor Yonggi Cho geleitet wird. Diese Gemeinde organisiert jeden Sonntag Gottesdienste von der Größe des katholischen Weltjugendtages.
- In Chinas Hauskirchenbewegung wird die Zahl der Menschen, die in den vergangenen 30 Jahren zum Glauben gekommen sind, auf bis zu 10 Millionen geschätzt.

Dass jemand nicht an Gott glaubt, löst inzwischen bei der Hälfte der Weltbevölkerung ungläubiges Kopfschütteln aus!

Wenn Sie dieses Buch lesen, gehören Sie wahrscheinlich zum westlich geprägten Teil dieser Erde. Ihre bisherigen Erfahrungen mit dem christlichen Glauben waren möglicherweise von einem distanzierten und formalen Christentum geprägt, das nicht vermuten ließ, dass sich dahinter eine ungeheure „göttliche“ Dynamik verbirgt. Wie aber auch immer Ihre Vergangenheit geprägt war – über Ihre Zukunft können Sie selbst entscheiden.

Der Vater aus unserem Gleichnis will mit dem jüngeren und dem älteren Sohn ein Festmahl feiern. Der Schriftsteller Fjodor Dostojewski ließ kurz vor seinem Tod seine Kinder zu sich kommen, las ihnen die Geschichte vor und sagte:

„Meine Kinder, vergesst nie, was ihr eben gehört habt. Habt unbedingtes Vertrauen auf Gott und zweifelt nie an seiner Gnade. Ich liebe euch sehr, aber meine Liebe ist nichts im Vergleich zu Gottes unendlicher Liebe zu den Menschen. Selbst wenn ihr ein Verbrechen begehen solltet, so zweifelt niemals an Gott. Ihr seid seine Kinder, demütigt euch vor ihm, so wie der verlorene Sohn sich vor seinem Vater demütigte. Bittet ihn um Vergebung, dann wird er sich freuen, so wie sich der Vater über die Heimkehr des verlorenen Sohnes freute.“[49]

Wenn Sie mich bis hierhin begleitet haben, dann sind Sie dem jüngeren Sohn, dem älteren Sohn und dem Vater begegnet. Vielleicht haben Sie sich mit einer der drei Figuren stärker identifiziert als mit den beiden anderen. Sie sind mit mir durch die vier Häuser des Lebens gegangen. Vielleicht haben Sie einige dieser Häuser wiedererkannt. Andere waren Ihnen möglicherweise fremd.

Glauben heißt nichts anderes, als auf etwas zu vertrauen, das man nicht sehen und beweisen kann. Ist Ihr Glaube gewachsen, während Sie gelesen und darüber nachgedacht haben?

Es gibt verschiedene Ebenen von Glauben. Die erste Art nenne ich den *traditionellen Glauben.*

Traditioneller Glaube ist aus der Überlieferung erwachsen. Menschen mit traditionellem Glauben halten die christliche Lehre im Allgemeinen für wahr. Sie haben die ethisch-moralischen Grundsätze der Kirche angenommen, ähnlich wie ihre Vorfahren vor ihnen. Sie bezeichnen sich selbst als Christen. Christ zu sein bedeutet für sie, an die Existenz Gottes zu glauben und ein ethisch einigermaßen passables Leben zu führen. Dieser Glaube drückt sich im Glaubensbekenntnis, im Vaterunser und im Kirchenbesuch aus.

Die zweite Art zu glauben würde ich als *verwegenes Vertrauen* bezeichnen. Dieser Glaube ähnelt dem Wagnis der Hochseilartisten in der Manege.

Der katholische Professor Henry Nouwen erzählte einmal von den *Flying Rodleighs*, einer Trapezartistengruppe, die im deutschen Zirkus Simoneit-Barum auftrat.

„Eines Tages saß ich mit Rodleigh, dem Leiter der Truppe, in seinem Wohnwagen und unterhielt mich mit ihm übers Fliegen durch die Luft.
Er sagte: ‚Als Springer muss ich absolutes Vertrauen in den haben, der mich auffängt. Sie und das Publikum halten vielleicht mich für den großen Star am Trapez, aber der wirkliche Star ist Joe, mein Fänger. Er muss im Bruchteil einer Sekunde

bereit sein und mich aus der Luft angeln, wenn ich in hohem Bogen auf ihn zufliege.'
,Wie gelingt das denn immer?', fragte ich zurück.
,Nun', entgegnete Rodleigh, ,das Geheimnis besteht darin, dass der Flieger nichts tut und der Fänger alles! Wenn ich auf Joe zufliege, muss ich bloß meine Arme und Hände ausstrecken und darauf warten, dass er mich packt und sicher auf die Rampe zurücksetzt.'
,Und Sie tun dabei nichts?', erwiderte ich ziemlich überrascht.
,Nein, gar nichts', wiederholte Rodleigh. ,Das Schlimmste, was der Flieger tun kann, ist, nach dem Fänger greifen zu wollen. Aber ich soll ja nicht Joe auffangen, sondern er mich. Würde ich nach Joes Handgelenken greifen, könnte ich sie brechen, oder er könnte die meinen brechen, und das wäre für uns beide das Aus! Ein Flieger soll nichts als fliegen, ein Fänger nichts als auffangen; und der Flieger muss mit ausgestreckten Armen völlig darauf vertrauen, dass sein Fänger im richtigen Augenblick nach ihm greift!'"[50]

Verwegener Glaube ist das Wagnis, Gott, dem Fänger, zu vertrauen. Diese Form des Glaubens wird an dem Beispiel einer kranken Frau deutlich, die es riskierte, Jesus mit verwegenem Vertrauen zu begegnen:

„Jesus zog mit seinen Jüngern durch das Land Israel und viele Menschen folgten ihm und umdrängten ihn von allen Seiten. Da war eine Frau, die litt seit zwölf Jahren an schweren Blutungen und hatte unter der Behandlung vieler Ärzte allerlei durchgemacht, ja all ihr Geld dafür ausgegeben, aber es half ihr nichts, sondern wurde nur schlimmer mit ihr. Da hörte sie von Jesus. Deshalb kam sie im Gedränge des Volkes von hinten heran und rührte sein Kleid an. Denn sie sagte sich: Wenn ich auch nur seine Kleider anrühre, dann werde ich gesund. Und sofort hörten ihre Blutungen auf, und sie fühlte es an ihrem Leibe, dass sie von ihrer Krankheit geheilt war. Aber auch Jesus selbst fühlte, dass eine Kraft von ihm ausgegangen war,

darum wandte er sich in der Menge um und fragte: ‚Wer hat meine Kleider angerührt?' Seine Jünger sagten zu ihm: ‚Du siehst doch, dass dich das Volk bedrängt, und fragst: Wer hat mich angerührt?' Aber er sah sich um. Die Frau aber fürchtete sich und zitterte; denn sie wusste, was an ihr geschehen war, kam und fiel vor ihm nieder und sagte ihm die ganze Wahrheit. Er aber sagte zu ihr: ‚Meine Tochter, dein Glaube hat dich gesund gemacht; gehe hin in Frieden und sei frei von deiner Krankheit!'" (Markus 5,24–34; LÜ).

Hunderte von Menschen drängten sich um Jesus und zogen und zupften an seiner Kleidung. Aber nur eine Frau berührte ihn mit verwegenem Vertrauen. Sie galt durch ihre Blutungen als kultisch unrein und durfte eigentlich niemanden anfassen. Diese Frau übertrat die religiösen Gesetze der damaligen Zeit und setzte ihr ganzes Vertrauen auf Jesus. „Wenn ich ihn nur berühre, werde ich gesund."

Sie war vollkommen davon überzeugt, dass dies geschehen würde. Also schlich sie sich an Jesus heran und streckte voller Vertrauen die Hand nach ihm aus – und wurde gesund. Glaube, der gesund macht, schenkt Jesus zunächst Vertrauen und überschreitet dabei oft Grenzen.

Woher hatte diese Frau diesen verwegenen Glauben? Sie hatte zweifellos bereits alle Mittel und Wege ausprobiert, die den Menschen damals zur Verfügung standen. Sie hatte viel gelitten, jeden Quacksalber an sich herangelassen. All ihr Geld war aufgebraucht. Nach dem Gesetz durfte wegen ihrer Krankheit niemand mit ihr zusammen sein. Einen Mann hatte sie schon seit 12 Jahren nicht mehr. Von Kindern liest man auch nichts. Nach heutigen Maßstäben musste diese Frau an einem totalen Selbstwertmangel gelitten haben und sich absolut nutzlos vorgekommen sein. Vielleicht forschte sie nach irgendwelchen alten Sünden, die ihr diese Krankheit als Strafe eingebracht hatten. Sie hätte eigentlich schwer depressiv, hoffnungslos und antriebsarm sein müssen.

Woher kam dieser Glaube, mit dem sie ihre Hand ausstreckte und Jesus berührte? Ich weiß es nicht. Möglicherweise gehörte sie zu den Menschen, die sich durch nichts entmutigen oder unterkriegen lassen. Wahrscheinlicher aber ist, dass der letzte Rest ihres Vertrauens geweckt wurde, als sie Jesus sah. Von Jesus ging etwas aus, das diese besondere Wirkung auf Menschen hatte. Sie spürte wachsenden Glauben in sich und dann streckte sie die Hand aus und berührte ihn.

Der Glaube der Frau hatte magische Züge – „Wenn ich ihn nur berühre …" Jesus sah aber ihren Wagemut und freute sich über ihren verwegenen Glauben. Er sagte zu ihr: „Meine Tochter, dein Glaube, dein verwegenes Vertrauen hat dich gerettet, gesund gemacht."

In unserer Gemeinde führen wir regelmäßig Glaubensgrundkurse durch. Wir legen ein rein intellektuelles Fundament und lehren die Teilnehmer die Grundlagen des christlichen Glaubens. Am letzten Abend fragen wir dann jeden Einzelnen, ob er sein Leben diesem Jesus anvertrauen möchte, ob er den Glauben wagen will. Rund 80 Prozent der Teilnehmer sagen dann: „Ja. Ich vertraue dir, Jesus, mein Leben an."

Und dann geschieht regelmäßig das Wunder des Glaubens: Die neuen Christen erfahren, dass Glaube lebendig und mutig macht. Sie sind nicht religiös geworden, sondern sie haben verstanden, dass es ihre Aufgabe ist zu fliegen – und Gottes Aufgabe zu fangen. Die restlichen Teilnehmer wagen den Sprung nicht und von diesem Zeitpunkt an beginnt dann fast immer ihr Rückzug aus der Welt des Glaubens.

Randexistenzen mit Stehlampe

Mein Freund Matthias ist ein Kreativer, ein Künstler und Musiker. Er ist spontan, menschenfreundlich, chaotisch, und er ist unglaublich kommunikativ. Mit seiner Frau hat er vier Kinder.

Eines Tages näherte sich der 25-jährige Hochzeitstag der beiden. In der Zeitung hatte er von einem Theaterprojekt gelesen, das ihn auf eine Idee brachte. Das Stück hieß „Randexistenzen mit Stehlampe". In diesem Stück treten 25 Personen auf, die eine Minute Zeit haben, irgendetwas zu sagen. In der Hand halten sie dabei jeweils eine Stehlampe. Wenn sie ihre Minute geredet haben, wird das Mikrofon einfach ausgeschaltet. Sie treten zurück in den Bühnenhintergrund und stöpseln ihre Stehlampe ein. In der nächsten halben Stunde entsteht mit jeder neuen Person nach und nach ein lebendiges Bühnenbild – eben Randexistenzen mit Stehlampe.

Matthias wollte ein Teil des Bühnenbildes werden und seine Frau, die im Publikum sitzen würde, in seiner Minute Redezeit mit einer Liebeserklärung überraschen. Als er mir davon erzählte und sagte, dass noch mehr „Randexistenzen" gesucht würden, sagte ich spontan zu, mitzumachen und ebenfalls mit meiner Frau zu kommen.

Nach einer Generalprobe war es dann so weit: Matthias betrat die Bühne und sagte, dass er seiner Frau Britta zum 25. Hochzeitstag ein Lied singen wolle. Dann schmetterte er einen Song von Hermann van Veen: „Ich lieb dich immer noch." Spontaner Beifall des Publikums und die Minute war um.

Dann trat ich auf die Bühne und erzählte von meinen Töchtern. Als sie noch klein waren, brachte ich sie öfter abends ins Bett. Jeder Abend lief nach dem gleichen Schema ab: Ich betete mit ihnen, segnete sie und sagte ihnen, dass ich sie lieb hatte. Dann ging ich hinaus. Eines Abends ging ich nach dem Ritual zur Tür, da sagte eine meiner Töchter zum ersten Mal: „Papi, ich hab dich auch lieb!"

Das Gefühl war unbeschreiblich. Als ich diese Worte hörte, wurde mein Herz von einer Woge reiner Freude überflutet. In diesem Moment fühlte ich Glück in seiner reinsten Form.

Im Gleichnis vom liebenden Vater ist es ähnlich. Gott, der Vater, sagt uns jeden Tag auf vielerlei Arten, dass er uns liebt. Tag für Tag, Nacht für Nacht wiederholt er: „Ich liebe dich, meine Tochter, mein Sohn."

Gott steht da und wartet darauf, dass wir eines Tages zu ihm kommen und er uns in die Arme nehmen kann. Er wartet darauf, dass wir zu ihm sagen: „Ich hab dich auch lieb."

Happyend mit Heidi

Auf die Geschichte vom Vater und seinen zwei Söhnen trifft man in der Literatur auch an Stellen, wo man sie nicht erwartet hätte. Zum Beispiel in der berühmten romantischen Erzählung „Heidi“ von Johanna Spyri.

In der ungekürzten Originalversion wird die Geschichte vom Alm-Öhi erzählt, der aus einer reichen Bauernfamilie stammt. Seine Eltern sterben vor Gram, als der Sohn Haus und Hof verspielt. Er zieht hinaus in die Welt und dient jahrelang als Soldat. Bei seiner Rückkehr ins Dorf wird er von der Dorfgemeinschaft abgewiesen. Verbittert zieht er sich als Einsiedler auf eine Hochalm zurück.

Eines Tages wird die Einsamkeit des Alm-Öhi durch ein dreijähriges Kind durchbrochen, das ihm zur Pflege übergeben wird. Die unschuldige kleine Heidi erobert das Herz des Großvaters im Sturm. Von der Großmutter ihrer Freundin Klara aus Frankfurt lernt Heidi dann das ABC des Gebets und beginnt, Gott ganz natürlich zu vertrauen.

Heidi bringt das harte Herz des Großvaters zum Schmelzen, sodass er wieder an den Menschen und dann auch an Gott glauben kann. Er entscheidet sich dazu, sich mit Gott und den Menschen zu versöhnen. Als der Alm-Öhi zum Pfarrer kommt, um ihm den Entschluss mitzuteilen, sagt der Pfarrer: „Nachbar, Ihr seid in der rechten Kirch gewesen, noch eh Ihr in die meinige herunterkamt.“[51]

Die romantisch-märchenhafte Geschichte endet natürlich mit einem Happyend. Wie Ihre Geschichte ausgeht, entscheiden Sie selbst.

Der Headhunter Gottes

Ich habe einen Freund, der als Banker tätig ist. Eines Tages erzählte er mir, dass ein „Headhunter“ Kontakt mit ihm aufgenommen habe. „Headhunter“ heißt übersetzt Kopfjäger. Diese modernen Kopfjäger suchen Führungskräfte für andere

Unternehmen. Wenn man eine Anfrage von einem Headhunter bekommt, ob man nicht in diese oder jene Firma wechseln will, dann weiß man: „Ich bin bedeutend. Ich bin jemand."

Mein Freund bekam ein verlockendes Angebot: doppelt so viel Gehalt, dicker Dienstwagen und glänzende Aufstiegschancen. Einen kleinen Nachteil hätte das Ganze aber schon: Er müsse sehr flexibel mit seiner Zeit umgehen, sagte man ihm. Das hieß im Klartext: Er hätte der Firma immer und überall in Topform zur Verfügung zu stehen. Mein Freund hat eine Frau und drei kleine Kinder, die hätte er dann wahrscheinlich nur noch in den Ferien gesehen. Eine schwierige Entscheidung!

Jesus selbst war als „geistlicher Headhunter" unterwegs. Er war immer auf der Suche nach Menschen, die auf mehr aus waren als auf Wohlstand und Bequemlichkeit. Was er suchte, waren Menschen, die Sehnsucht nach dem Haus des Vaters hatten.

Im Neuen Testament wird von einer solchen Begegnung von Jesus mit Zachäus berichtet. Dieser Mann ist der Leiter der Finanzbehörde der Stadt Jericho. Zachäus ist körperlich klein und hat deshalb gelernt, sich durchzusetzen. Er weiß seinen Job zu nutzen, um sich persönlich zu bereichern. Allerdings muss er für seinen Reichtum einen Preis zahlen – er hat ihn Ehre und Ansehen gekostet. Weil er als Jude für die Römer und den Staat arbeitet, verachten ihn die Gläubigen. Bei den Händlern und Bauern ist er verhasst, weil er zu viel Zoll kassiert, wenn sie ihre Waren in Jericho verkaufen wollen. Wenn er durch die Straßen geht, schlägt ihm von allen Seiten Ablehnung entgegen. Freundliche Grüße hört er höchstens von den anderen Zöllnern, die genauso Ausgestoßene sind wie er selbst.

Im Lukasevangelium wird erzählt:

„Als Jesus durch Jericho zog, liefen viele Menschen zusammen. Unter ihnen war Zachäus, der Oberaufseher über alle Zolleinnehmer. Er war sehr reich. Zachäus wollte Jesus unbedingt sehen; aber er war sehr klein und niemand machte ihm Platz. Da rannte er ein Stück voraus und kletterte auf einen

Maulbeerbaum, der am Wege stand. Von hier aus konnte er alles überblicken.
Als Jesus dort vorbeikam, entdeckte er ihn. ‚Zachäus, komm schnell herunter!', rief Jesus. ‚Ich möchte heute dein Gast sein!'
Im Nu war er vom Baum herunter und nahm Jesus voller Freude mit in sein Haus. Die anderen Leute empörten sich über Jesus. ‚Jeder weiß doch, dass Zachäus nur durch Betrug reich geworden ist! Wie kann Jesus nur dieses Haus betreten!'
Zachäus wurde auf einmal sehr ernst: ‚Herr, ich werde die Hälfte meines Vermögens an die Armen verteilen, und wem ich am Zoll zu viel abgenommen habe, dem gebe ich es vierfach zurück.'
Da sagte Jesus zu ihm: ‚Heute ist ein großer Tag für dich und deine Familie; denn Gott hat euch heute als seine Kinder angenommen. Du warst einer von Abrahams verlorenen Söhnen. Der Menschensohn ist gekommen, Verlorene zu suchen und zu retten'" (Lukas 19,1–10; Hfa).

Jeder Mensch hat Bedürfnisse. Zachäus ist zwar reich, aber er ist mit dem Leben, das er führt, offensichtlich nicht glücklich. Er leidet darunter, dass die meisten Bewohner der Stadt ihn ablehnen. Irgendwo hat er von Jesus gehört und dass dieser ein Freund der Sünder sei. Mit dem Namen „Jesus" verbindet sich bei ihm Hoffnung. Nun verbreitet sich die Nachricht, dass Jesus nach Jericho gekommen sei. Zachäus will ihn sehen – aber niemand macht ihm Platz. Also klettert er auf einen Baum, um besser sehen zu können.

An diesem ungewöhnlichen Ort kommt es zu einer Begegnung mit Jesus, der als geistlicher Headhunter sieht, was Zachäus sucht. Jesus spricht ihn mit seinem Namen an: Zachäus. Die Namensnennung macht klar: „Ich kenne dich, ich kenne dich wirklich. Ich weiß, was du willst und was du brauchst. Ich bin gekommen, um dein Leben wieder in Ordnung zu bringen."

Und dann lädt Jesus sich ganz selbstverständlich bei Zachäus zum Abendessen ein. Zachäus eilt nach Hause, bereitet sofort ein großes Festmahl vor und lädt alle seine Freunde (natürlich ebenfalls Zöllner) ein.

Bei unserem Besuch in der kubanischen Partnergemeinde unterhielt ich mich mit einem Lehrer, der gut Englisch sprach. Mitten im Gespräch sagte ich ihm, dass ich gern einmal zum Essen zu ihm nach Hause kommen würde. Der körperlich eher kleine Mann wuchs vor meinen Augen um einige Zentimeter und fragte ungläubig: „Du willst zu mir zum Essen kommen?“

Ich war ja ein Gringo (Weißer) und außerdem ein Pastor, also ein reicher und wichtiger Mann, der ihn in seinem Haus besuchen wollte. In dem Moment verstand ich, wie Zachäus Jesu Besuch empfunden haben muss: Er fühlte sich geehrt, so wie sich der Lehrer geehrt fühlte, weil ich ihn in seinem Haus besuchen wollte.

Jesus lädt sich selbst öffentlich ein und ehrt damit einen „politisch unkorrekten“ Menschen, einen gesellschaftlichen Außenseiter. Er wertet ihn nicht nur auf, indem er sich zum Essen einlädt, sondern schenkt Zachäus durch seine Gegenwart den Mut, sein Leben komplett auf den Kopf zu stellen.

Zachäus erfährt durch Jesus gleich eine mehrfache Wiederherstellung: Die erste ist die Heilung seiner Gottesbeziehung. Die zweite betrifft seinen Lebensstil und sein Gewissen. Die dritte ist die Rehabilitation seiner Person in der Stadt. Durch die Begegnung mit Jesus kommt es damals wie heute zu dieser Art von Wiederherstellung. Alles, was dazu nötig ist, ist der Glaube für den ersten Schritt.

Mein Freund, der Banker, musste dem Headhunter eine Antwort geben. Er dachte nach, sprach mit seiner Frau und traf dann eine Entscheidung. Als der Headhunter wieder anrief, sagte mein Freund ihm, dass er seinen Kopf behalten wolle und daher sein verlockendes Angebot ablehnen müsse. Er hätte sonst mehr verlieren als gewinnen können. Jesus sagt nicht umsonst: „Denn was gewinnt ein Mensch, selbst wenn ihm die ganze Welt zufällt, er aber das ewige Leben dabei verliert?“ (Markus 8,36; Hfa).

Ich bin als Pastor ebenfalls so eine Art geistlicher Headhunter. Ich frage Sie im Namen eines Unternehmens, das „Vater, Sohn & Partner" heißt, ob Sie sich entscheidend verbessern wollen. Sie können ein ganz großes Tier werden, Sie können sehr wichtig werden. Oder Sie können eine Person ohne Fassade werden, eine Person, die nicht befürchten muss, dass jemand herausbekommt, dass sie vielleicht nur wenig echte Größe besitzt. Sie können die Person werden, als die Gott Sie ursprünglich gedacht hatte. Sie können jemand werden, der in den Augen von Menschen und in den Augen Gottes wahre Größe besitzt.

Sie werden keinen Dienstwagen und keinerlei Vergünstigungen bekommen; dafür öffnet sich Ihnen jetzt eine ganz neue Dimension des Glaubens. Im Glauben erfahren Sie so etwas wie eine neue Geburt. Durch den Glauben beginnt Jesus Christus in Ihnen zu wirken. Der geistliche, innere Mensch wird geschaffen. Sie empfangen Gottes Liebe und Gnade und treten Ihre zweite Erbschaft an.

Übrigens, die Firma „Vater, Sohn & Partner" übernimmt auch alle Kosten für eine Immobilie mit Ewigkeitswert – denn Jesus hat gesagt: „Im Hause meines Vaters gibt es viele Wohnungen. Wenn es nicht so wäre, hätte ich euch nicht gesagt: Ich gehe hin, um dort alles für euch vorzubereiten" (Johannes 14,2; Hfa).

Schlussgedanken

Georg

Erinnern Sie sich noch an Georg, den leidenschaftlichen Musiker, der im Haus der Fremde die Sehnsucht nach dem verlorenen Paradies verspürte?

Georg lernte Menschen kennen, die seine Sehnsucht ernst nahmen und ihm vom Haus des Vaters erzählten. Georg begab sich auf seine ganze persönliche Reise und kam schließlich im Haus des Vaters an:

„Ich habe mich oft gefragt, ob es einen Gott gibt ... denn wenn es mir gut ging, habe ich ihn nicht gebraucht ... und wenn es mir schlecht ging, dann war er sowieso nicht da. Manchmal hat man Glück, manchmal halt nicht, so ist das eben, war mein einfaches Weltbild. Ich war (bin) eben blind, wie so viele andere Menschen auch. Kindheit? ... Ja, hatte ich auch, irgendwo zwischen der Alkoholsucht meiner Mutter und der Tyrannei meines schichtarbeitenden Vaters.

Mein Vater ... Gott, mein Vater ... Er war eben nie da. Aber irgendwie gelang es mir doch, ein wenig ‚normale Kindheit' für mich zu ergattern. Freunde hatte ich jede Menge, denn ich kaufte sie mir! Das Geld, das ich dazu brauchte, stahl ich meiner meist betrunkenen Mutter, während sie ihren Rausch ausschlief. Es war eine Scheinwelt, in der ich aufwuchs, aber irgendwie schaffte ich es, da rauszukommen.

Als ich 14 oder 15 war, wurde ich konfirmiert. Den Sinn dieser Aktion habe ich damals genauso wenig erfasst wie all die anderen Kids, mit denen ich zwei Jahre lang den entsprechenden Unterricht besucht hatte. Uns ging es bloß um das Geld, das am Tag der Konfirmation auf uns wartete. Die im Unterricht behandelten Themen waren schon interessant, allerdings wurden sie uns ungefähr so verlockend serviert wie ein Stück altes, vertrocknetes Brot. Gott wurde für mich damals durch eine alte, vor vielen hundert Jahren in ihrer Entwicklung stecken gebliebene Kirche repräsentiert, die die erste Mondlandung ebenso verpennt hatte wie die Erfindung des Farbfernsehens.

Ich wäre nie auf die Idee gekommen, in meiner Situation einen Pfarrer um Hilfe zu bitten. Ab und zu betete ich, wenn es mal ganz dick kam, aber das war's dann auch schon. Danach war lange Funkstille, es gab ab und an mal kurze Berührungen mit der Kirche, aber nichts Wichtiges.

Erst viele Jahre später änderte sich das. Mittlerweile hatte ich eine eigene Familie. Es muss ein Engel gewesen sein, der uns ausdauernd nötigte, einen Gottesdienst zu besuchen; erschienen ist uns dieser Engel in menschlicher Gestalt, in Form einer Bekannten, die uns immer wieder einlud. Irgendwann besuchten wir nach langem, beharrlichem Widerstand schließlich doch einen Gottesdienst ... und erkannten, dass es schon längst Zeit war, endlich nach Hause zu kommen!

Auch heute tauchen immer wieder Fragmente aus meiner Vergangenheit auf, oder es kommen aktuelle Erlebnisse dazu, die mich förmlich zwingen, sie aufzuschreiben. Mir wird immer klarer, dass ich mit meinem falschen Stolz, meiner Blindheit, meinen Hoffnungen, meinen Ängsten nicht sehr weit kommen kann ... Die untenstehenden Zeilen beschreiben meine Fragen, meine Hoffnungen und meinen Glauben:

‚Sag mir, soll ich übers Wasser gehn?
Sag mir, bist du da, um meine Hand zu halten?
Ich bin verloren in einem Labyrinth aus Spiegeln.
Kannst du mir helfen zu verstehen?
Werde ich mit deinen Augen sehen, wenn ich blind bin?
Sag's mir, sag's mir ...'"

Thomas

Und dann war da noch Thomas, der Junkie, der im Haus der Schweine von Selbstentwürdigung und Selbstzerstörung geprägt wurde. Thomas brach eines Tages auf, machte erfolgreich eine Therapie und lernte später Menschen kennen, die ihm den Weg zum Haus des Vaters zeigten.

Thomas schreibt: „Mein Gottesbild wurde in meinen Kinder- und Jugendjahren von meinem eigenen Vaterbild überlagert. Gott stellte nach meiner Vorstellung sehr hohe Ansprüche und Forderungen an mich, denen ich nie genügen würde. Ich ging zwar regelmäßig sonntags mit meiner Mutter in die Kirche und war auch eine Zeitlang ehrlich auf der Suche, betete und las in der Bibel (das heißt, ich las sie komplett von vorn bis hinten durch), aber Gott antwortete mir scheinbar nicht. Für mich ein Beweis, dass er nichts mit mir zu tun haben wollte.

Ich wurde durch die Therapie clean, was für mich wirklich ein Wunder ist. Im Laufe der Monate, in denen ich verschiedene Selbsthilfegruppen besuchte, die in ihrem Konzept das Eingeständnis verankert hatten, dass es eine höhere Macht geben muss, konnte ich mich mit dem Gedanken anfreunden, dass es da etwas oder jemanden gab, der in mein Leben eingreift und es gut mit mir meint.

Mit der Zeit merkte ich, wie viele Geschenke in mein Leben hineingelegt wurden. Ich blieb clean, ich bekam Frau und Kind geschenkt, und trotz meiner HIV-Infektion war ich gesund. Ich fand Arbeit und Wohnung.

Im Oktober 2004 benötigten wir dringend eine Betreuung für unser Kind, als uns eine Bekannte sagte, dass es in ihrer Gemeinde eine Frau gäbe, die das gern übernehmen würde ... aber wir müssten dann mal in den Gottesdienst kommen, um alles zu besprechen. Nun, schön und gut, ich kam ja selbst aus einem frommen Elternhaus, also warum nicht?

Wir besuchten den Gottesdienst und danach noch viele weitere. Langsam wandelte sich mein Gottesbild. Nein, Gott war nicht der jähzornige Vater, dem man es nie recht machen konnte und der, wenn man Glück hat, einen bestenfalls übersieht. Im Gegenteil, er hatte mich in der Zeit meiner Sucht getragen und mir den Ausweg gezeigt.

Für mein verkorkstes Leben bestrafte er mich auch nicht, sondern beschenkte mich reichlich mit den Dingen, die ich mir eigentlich schon immer ersehnt hatte. Ja, ich war mir auf einmal sicher: Da ist ein Vater, der mich liebt, und im Gegensatz zu den Richtern, vor denen ich im Laufe meines Lebens immer wieder gestanden hatte, verhängte er kein Urteil über mich. Durch meinen Anwalt Jesus (um in diesem Bild zu bleiben) hat er mich begnadigt und in seinem Namen ließ ich mich dann im Oktober 2005 taufen.

‚Denn ich allein weiß, was ich mit euch vorhabe: Ich, der Herr, werde euch Frieden schenken und euch aus dem Leid befreien. Ich gebe euch wieder Zukunft und Hoffnung' (Jeremia 29,11; Hfa). Das war mein Taufspruch und er fasst Gottes Absichten für die Menschen eigentlich schon ganz gut in Worte. Als ich in meiner Sucht gefangen war und mir selbst und meinem Leben keine Chance mehr gab, hatte er mich dennoch nicht aus den Augen verloren. Und was er mir heute gewährt, ist wirklich viel mehr, als ich mir jemals vorstellen konnte."

Michaela

Erinnern Sie sich noch an Michaela, die ein perfektes Doppelleben führte und nicht wusste, wie sie aus dem Haus der Knechte ausbrechen sollte? Michaela hatte im Park eine Begegnung, die ihr Leben auf den Kopf stellte:

„Eines Morgens stand ich mit einer leeren Flasche Wodka um 9:30 Uhr im Südpark im Schnee. Plötzlich vernahm ich in meinem benebelten Kopf eine Stimme, die mich eindringlich warnte: *Wenn du so weitermachst, wirst du verloren gehen!*

Auf einmal war mein ganzer Körper mit einer Gänsehaut überzogen. Die innere Stimme war eindringlich und bestimmend und löste in mir richtige Panik aus. Mein Körper rebellierte, ich musste mich übergeben.

Danach war ich völlig klar. Ich rief meinen Mann an und sagte ihm, dass ich ab sofort keinen Alkohol mehr anrühren würde. Er glaubte mir natürlich zuerst kein Wort, hatte er doch aus bitterer Erfahrung gelernt, dass man mir nicht trauen konnte.

Seit einem Jahr besuchte mein Mann eine evangelische Freikirche. Er hatte schon häufiger versucht, mich zum Mitkommen zu bewegen. Als ich nach einiger Zeit dann wirklich mitkam, geschah etwas Merkwürdiges: Ich vernahm erneut die Stimme, die mich im Park erschreckt und vom Alkohol weggebracht hatte. Es klingt seltsam, aber jetzt war mir sonnenklar: Die Stimme im Park war die Stimme Gottes gewesen!

Ich begann, regelmäßig in den Gottesdienst zu gehen, und ich verstand immer mehr, dass Gott mich liebt. Ich erlebte, wie unsere Familie innerlich und äußerlich heil wurde. Weil Gott mein Therapeut ist, bin ich heute sogar in der Lage, zusammen mit meinem Mann ein Glas Wein oder Sekt zu trinken, ohne rückfällig zu werden."

Matthias

Dann war da noch Matthias, der menschenfreundliche Pfarrer mit der glücklichen Familie, der im Haus des Vaters lebte. Er erkrankte 2006 an Lungenkrebs und starb innerhalb von drei Monaten. Sein Sterben war von Würde und Hoffnung geprägt und hatte nichts Verzweifeltes an sich.

Als Matthias die tödliche Diagnose erhielt, sagte er in seiner letzten Predigt: „Manchmal wird Christen gesagt, dass sie nicht fragen sollen, warum sie leiden, sondern wozu sie leiden – so als ob jedes Leiden einen sinnvollen Grund hätte. Jesus selbst hat am Kreuz geschrien: ‚Mein Gott, mein Gott, warum hast du mich verlassen?'

Wenn ich gestorben und auferweckt worden bin, werde ich Jesus fragen: ‚Warum und warum jetzt?' Ich verstehe nicht, warum ich Krebs habe. Ich verstehe es nicht, weil ich gerade in einer aufblühenden Pfarrstelle bin. Ich verstehe nicht, warum ich nicht bei meiner Frau und meinen Kindern bleiben darf. Ich werde fragen: ‚Warum?' Und ich bin sicher, dass ich eine gute Antwort bekommen werde.

Als Papst Johannes Paul II. 2005 im Sterben lag, sagte er: ‚Lasst mich ins Haus des Vaters gehen.' Der Papst freute sich, dass er am Ende seiner Reise angelangt war und bald sehen würde, woran er immer geglaubt hatte. Und bald werde auch ich sehen, was ich geglaubt habe."

Der Brief

Ich möchte Ihnen einen Vorschlag machen: Schreiben Sie einen Brief an Gott – bringen Sie darin alles zu Papier, was Sie bewegt; Ihre Fragen, Ihre Klagen, Ihre Not, Ihre Freuden. Jesus hat einmal gesagt: „Sucht, und ihr werdet finden! Klopft an, dann wird euch die Tür geöffnet!" (Matthäus 7,7; Hfa). Rechnen Sie damit, dass Sie bei Gott bedingungslose Annahme finden, und lassen Sie sich nicht durch einen „älteren Bruder" (wohlmeinende, aber skeptische Freunde) davon abhalten, das Haus des Vaters zu suchen.

Wenn Sie jetzt damit beginnen, Glaubensschritte zu gehen, dann dürfen Sie damit rechnen, dass Gott zu Ihnen spricht – dass er Ihnen mitteilt, was jetzt für Sie dran ist. Erwarten Sie das Flüstern des Heiligen Geistes, und seien Sie nicht überrascht, wenn Ihr Gewissen plötzlich hochsensibel wird. In der Bibel heißt es, dass jemand „eine neue Kreatur" wird, also ein ganz anderer, geistlicher Mensch, wenn er Jesus Christus in sein Leben einlädt. Und dieser geistliche Mensch beginnt Hunger nach geistlicher Nahrung zu verspüren.

Wenn Sie den Brief geschrieben haben, dann legen Sie ihn für sechs Wochen zur Seite. Fangen Sie in dieser Zeit an, mit Gott zu sprechen. Jesus sagte „Abba", also „Papa", zu Gott. Sprechen Sie mit Gott, als würden Sie zu einem Vater sprechen, der Sie unendlich liebt, der unendlich viel Zeit hat, der Sie versteht und überraschende Lösungen anzubieten hat … denn genau so ist der Gott, den Jesus „Vater" nennt.

Lesen Sie das Neue Testament. Entdecken Sie den Originalton von Jesus. Sie werden staunen, wie spannend das Buch der Bücher auf einmal für Sie ist!

Und nach Ablauf der sechs Wochen holen Sie den Brief wieder hervor und lesen ihn noch einmal. Was ist inzwischen passiert? Welche Fragen wurden Ihnen beantwortet? Haben Sie den Eindruck, dass Sie auf dem Weg nach Hause sind?

Im Folgenden möchte ich Ihnen ein paar Anregungen geben, wie Ihr Glaube wachsen kann.

Schritte gehen

Als Söhne und Töchter Gottes sind wir rechtmäßige Erben einer himmlischen Eigentumswohnung. Als Söhne und Töchter Gottes gehören wir aber auch hier auf der Erde schon zur Familie der Christen. Jesus selbst hat 12 Jünger berufen, sie ausgebildet und ihnen den Auftrag gegeben, allen Menschen die Gute Nachricht von der zweiten Chance zu bringen. Aus denen, die daran glaubten, entstanden die ersten Gemeinden:

Die Gemeinde ist das irdische Haus des Vaters, wobei damit nicht das Gebäude, sondern die Menschen gemeint sind. Der Apostel Paulus nennt diejenigen, die an Jesus Christus glauben, den „Leib Christi", das Volk Gottes: „Nun seid ihr nicht länger Fremde und Heimatlose; ihr gehört jetzt als Bürger zum Volk Gottes, ja sogar zu seiner Familie" (Epheser 2,19; Hfa). Wenn Sie an Jesus Christus glauben, gehören Sie also zum verkörperten Leib Christi auf Erden. Sie sind sozusagen durch den Glauben in die christliche Großfamilie hineingeboren worden, und das nicht ohne Grund: Die Gemeinde ist wie ein Körper, ein lebendiger Organismus, in dem alle Teile untrennbar miteinander verbunden sind. Damit Sie wachsen und gedeihen und Ihre Aufgaben erfüllen können, sollten Sie daher in eine Ortsgemeinde eingebunden sein.

Der amerikanische Pastor Rick Warren hat in seinem Bestseller „Leben mit Vision" fünf Gründe genannt, warum jeder Christ verbindlich zu einer Gemeinde gehören sollte:

- Eine Gemeindefamilie zeigt Ihnen, dass Sie Teil der Gemeinde sind.
- Eine Gemeindefamilie befreit Sie dazu, gemeinschaftsfähig zu werden.
- Eine Gemeindefamilie hilft Ihnen, geistlich stärker zu werden.
- Die Gemeindefamilie braucht Sie mit Ihren Gaben und Fähigkeiten.
- Die Gemeindefamilie hilft Ihnen dabei, Ihren Glauben und Ihr Erbe zu bewahren.

Nun gibt es Hunderte von christlichen Kirchen und Gemeinden auf der Welt, die jeweils ihre eigene Ausrichtung, Tradition, Stärke und Schwäche haben. Welche Art von Gemeinde Ihnen am besten entspricht, müssen Sie selbst herausfinden. Im Folgenden habe ich einmal einige Kriterien zusammengetragen, die Ihnen bei der Suche nach „Ihrer" Gemeinde helfen können:

- Besuchen Sie mehrfach den Gottesdienst einer Gemeinde, bevor Sie sich eine andere anschauen.
- Stellen Sie sich selbst einige Fragen: „Was löst der Gottesdienst in mir aus? Nichts? Freude? Traurigkeit?" Haben Sie das Gefühl, einem Fest beizuwohnen? Welche Theologie herrscht hier? Ist es die Theologie der Knechte (Arbeit für Lohn, Do ut des) oder die Theologie, die aus dem Haus des Vaters kommt (Gnade, Annahme, Freude)? Gibt es in dieser Gemeinde jemanden, der an Ihnen interessiert ist und Sie anspricht, oder sind alle nur mit sich selbst und ihrem Freundeskreis beschäftigt? Hört Ihnen jemand zu? Nehmen Sie auch Ihren Partner und/oder gute Freunde mit und fragen Sie sie nach ihrem Eindruck.
- Wenn Sie subjektiv den Eindruck haben, dass diese Gemeinde Ihr neues geistliches Zuhause sein könnte, dann sprechen Sie mit dem Pastor, Pfarrer, Gemeindeleiter. Stellen Sie Fragen: „Wie kann Ihre Kirche mir helfen, im Glauben zu wachsen? Gibt es Glaubensgrundkurse, Haus-

kreise, Bibelgruppen? Steht sie hinter dem Apostolischen Glaubensbekenntnis? Wie werde ich Mitglied in Ihrer Gemeinde? Wie finanzieren Sie die Gemeinde? Gibt es die Möglichkeit, mich mit meinen Gaben und Fähigkeiten einzubringen?" Fragen Sie auch nach dem Verhältnis der Gemeinde zu anderen Gemeinden. Wenn sich eine Gemeinde für die einzig richtige hält, ist Vorsicht geboten.

Während Sie auf der Suche nach einer lebendigen Gemeinde sind, möchte ich Sie herausfordern, ein „Glaubensheld" zu werden.

Beinahe in jeder Hauptstadt der Welt findet man Denkmäler, Triumphbögen oder Säulen, auf denen die Heldentaten der Generäle, der Könige und Kaiser dargestellt sind.

Das Neue Testament hat den alttestamentlichen Glaubenshelden, den Vätern des Glaubens, im Brief an die Hebräer eine Art schriftliches Denkmal gesetzt: „Was aber heißt: Glaube? Der Glaube ist die feste Gewissheit, dass sich erfüllt, was Gott versprochen hat; er ist die tiefe Überzeugung, dass die unsichtbare Welt Gottes Wirklichkeit ist, auch wenn wir sie noch nicht sehen können. Unsere Väter lebten diesen Glauben. Deshalb sind sie Vorbilder für uns" (Hebräer 11,1–2; Hfa).

Im Brief an die Hebräer wird von den alttestamentlichen Glaubenshelden erzählt. Von Noah, der 120 Jahre mitten in der Wüste an einem Schiff gebaut und den Spott der Nachbarn ertragen hat. Von Abraham, der als 76-jähriger kinderloser Greis nicht ins Altersheim, sondern auf große Wanderschaft ging, weil Gott ihm versprochen hatte, dass seine Nachkommen so zahlreich sein würden wie die Sterne am Himmel. Von Mose, der seine königlichen Privilegien ablegte, ein Mann des Glaubens wurde und das Volk Israel aus der ägyptischen Sklaverei befreite.

Die Glaubenshelden der Vergangenheit waren keine vollkommenen Menschen. Aber am Ende ihres Lebens hatten sie Gottes Anerkennung – nicht immer wegen ihrer Lebensführung, wohl aber wegen ihres Glaubens.

Glaube ist nichts anderes als Vertrauen auf den unsichtbaren Gott. Für die äußere, sichtbare Welt haben wir fünf Sinne: Sehen, Hören, Riechen, Tasten, Schmecken. Für die unsichtbare Welt haben wir nur den einen Sinn: den Sinn des Glaubens. Der Glaubenssinn sieht und hört, schmeckt und fühlt das Unsichtbare.

Glaube ist Vertrauen auf den Sohn Gottes, Jesus Christus. Ihr Glaube wird wachsen, wenn Sie die Bibel lesen und im Rahmen einer Ortsgemeinde Ihren Glauben leben. Gehen Sie auf Ihre eigene geistliche Reise, werden Sie quasi nebenbei zu einem Glaubenshelden.

Standortbestimmung

Als Jesus das Gleichnis vom verlorenen Sohn erzählte, hatte er nicht nur die jüdische Bevölkerung seiner Zeit vor Augen, sondern auch Sie, den Leser dieses Buches.

Er entfaltet vor uns ein Drama, das sich im Laufe der Menschheitsgeschichte ständig wiederholt. Die Tragödie des jüngeren Sohnes besteht darin, dass er den Eindruck hat, das wahre, pulsierende Leben fände nur außerhalb des Vaterhauses statt. Indem er sich sein Erbe vorzeitig auszahlen lässt, löst er sich von Gott, verabschiedet sich von seiner Herkunft, um sein Glück zu suchen.

Aus der Sicht Jesu ist es dramatisch, dass so viele Menschen dem jüngeren Sohn nacheifern. Gott spielt in ihrem Leben keine Rolle. Sie sind auf der Suche nach Lebensfreude und Freiheit, und dabei stellen sie fest, dass das Leben manchmal unfair ist, dass Träume platzen, dass Lebensentwürfe scheitern und dass sie auf der Suche nach Freiheit oft gerade unfrei werden. Eine Umkehr zurück zum Vaterhaus wäre zwar möglich, doch entweder hat der moderne, aufgeklärte Mensch Gott so sehr vergessen, dass er gar nicht mehr an diese Alternative denkt, oder sie erscheint ihm wie ein Rückschritt und kommt deshalb gar nicht infrage.

Die Tragödie des älteren Sohnes besteht paradoxerweise in seiner Beständigkeit. Er bleibt treu zu Hause und macht sogar die Arbeit des jüngeren Bruders noch mit. Obwohl er nie ein Gebot übertreten hat, hat er ein distanziertes, nur von Pflichtbewusstsein bestimmtes Verhältnis zu seinem Vater. Das „unverschämt barmherzige“ Handeln des Vaters enthüllt sein verbittertes Wesen.

Aus der Sicht Jesu ist es ebenfalls dramatisch, dass so viele Menschen dem älteren Sohn ähnlich sind. Sie führen ein geregeltes, vor sich hinplätscherndes Leben, aus dem sie niemals ausbrechen. Auf sie kann man sich verlassen. Wenn dieses Leben aber in eine Krise gerät, wenn ein solcher Mensch sich ungerecht behandelt fühlt, dann kommt unter Umständen hinter dem treuen Menschen ein Enttäuschter und Verbitterter hervor.

Die Tragödie des Vaters besteht darin, dass keiner seiner Söhne ihn wirklich kennt. Der Jüngere hielt den Vater für langweilig und gesetzlich. Der Ältere hielt ihn für geizig und streng.

Die eigentliche Tragödie unserer Zeit besteht darin, dass wir Menschen Gott nicht (mehr) kennen und deshalb auch nicht suchen.

Bestimmen Sie Ihren Glaubensstandort

Das Haus der Fremde
ist das Haus der Flucht. Es ist ein Symbol für unser Unterwegssein, für die Unbehaustheit des Menschen, der unbewusst auf der Suche nach seinem Ursprung, nach dem verlorenen Paradies ist. Das Haus der Fremde steht deshalb für die Heimatlosigkeit der nomadisierenden Erdenbewohner, die ahnen, dass ihr Heim nicht ihr eigentliches Zuhause ist.

Das Haus der Schweine
ist das Haus der Entwürdigung. Der Freiheit suchende Mensch entdeckt seine Grenzen, seine Abgründe, sein Verlorensein. Weil er erkennt, dass er das Gute, das er will, nicht tut, sondern das Böse, das er eigentlich nicht will, gerät er in exis-

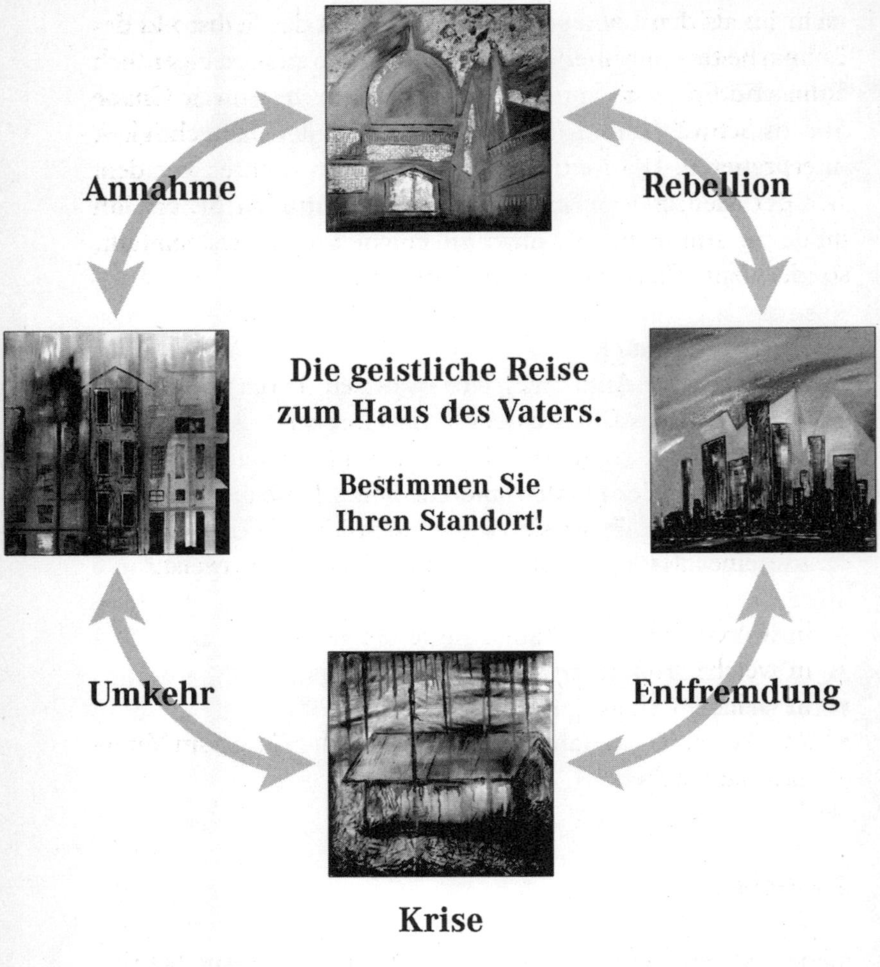

tenzielle Lebenskrisen, wird von Zweifeln geplagt und schreit leise oder laut nach Erlösung von seiner inneren Zerrissenheit. Gleichzeitig ist er versucht, weiterzumachen wie bisher, denn er will seinen verwundeten Herzschlag nicht mehr länger hören.

Das Haus der Knechte
ist das Haus der Fremdherrschaft und des Angestelltendaseins. Wer hier wohnt, handelt nach dem Motto: „Ich gebe, damit du gibst", lebt nach dem Gesetz von Saat und Ernte, strebt nicht

mehr an als den Lohn seiner Arbeit. Er hat das Selbstbild des Lohnarbeiters verinnerlicht und vergessen, dass er eigentlich Sohn und Erbe ist, dem alles gehört. Deshalb kann er Gnade nur als Schwäche und Großzügigkeit nur als Ungerechtigkeit interpretieren. Der Gott der Knechte ist ein Richter, vor dem sich der Mensch möglichst klein und demütig macht, um ihn milde zu stimmen, der nicht zu einem Freudenfest einlädt, sondern zur Wiedergutmachung zwingt.

Das Haus des Vaters
ist das Haus der Annahme. Wer in diesem Haus wohnt, der glaubt, dass Jesus Christus der Sohn Gottes ist, der den Weg zum Vater freigemacht hat. Durch ihn hat er das Geschenk der Vergebung der Sünden und ein neues Leben empfangen, das ewig besteht. Er ist sich seiner Identität sicher – nämlich dass er einer der geliebten Söhne und Töchter Gottes ist.

- In welchen Häusern haben Sie schon gelebt?
- In welchem Haus wohnen Sie zurzeit?
- In welchem Haus wollen Sie gern leben?
- Was könnte Sie daran hindern, sich auf den Weg zum Vaterhaus zu machen?

Das Gebet

Gebet ist ein Gespräch mit Gott. Es ist der erste Schritt, um auf Gottes Liebe zu antworten. Sagen Sie Gott in Ihren eigenen Worten, was Sie ihm sagen möchten. Sprechen Sie, schreien Sie, weinen Sie, laut oder leise. Der Vater hört Ihr Gebet und Ihre Antwort auf sein Angebot.

Persönliches Gebet kann aber auch mit den Worten anderer erfolgen. Die Bibel ist voll von Gebeten, die im Laufe der Jahrhunderte entstanden sind. Psalm 103 zum Beispiel preist Gottes Barmherzigkeit. Er klingt, als hätte ihn einer der Söhne oder Töchter Gottes geschrieben, die die Reise durch die vier Häuser bereits hinter sich haben:

„Lobe den Herrn, meine Seele,
und was in mir ist, seinen heiligen Namen!
Lobe den Herrn, meine Seele,
und vergiss nicht, was er dir Gutes getan hat:
der dir alle deine Sünde vergibt
und heilt alle deine Gebrechen,
der dein Leben vom Verderben erlöst,
der dich krönt mit Gnade und Barmherzigkeit,
der deinen Mund fröhlich macht,
und du wieder jung wirst wie ein Adler" (Psalm 103,1–5; LÜ).

Glaube heißt, dass ich erwarte, dass Gott mein Gebet erhört. Ich habe ein Gebet formuliert, das Sie zu Ihrem Gebet des Glaubens machen können.

Vater im Himmel,
du kennst meine Geschichte.
Mein Leben ist dir offenbar.
Du kennst meine Wege und Irrwege.
Du hast mich gesucht und ich habe mich finden lassen.
Du willst mir meine Schuld vergeben
und ich darf befreit leben.
Du hast eine Wohnung für mich vorbereitet
und ich will dort einziehen.
Du willst ein Fest feiern und ich will dabei sein.
Ich danke dir, dass ich neu anfangen darf.
Ich bin froh, dass ich nun eine/r deiner geliebten Söhne/ Töchter bin.
Amen.

Anmerkungen

[1] Paulo Coelho: „Auf dem Jakobsweg, Tagebuch einer Pilgerreise nach Santiago de Compostela". Zürich, 1999.

[2] Josef Ratzinger: „Salz der Erde". München, 1996, S. 19.

[3] Martin Buber: „Hundert chassidische Geschichten". München, 2003.

[4] Johann Wolfgang von Goethe: „Faust", Teil I, Vers 3415, Stuttgart, 1986.

[5] Peter Sloterdijk: „Die Seele im technischen Zeitalter: zur Anthropologie des metaphysischen Thrills". In: „Tagesspiegel online", 01.08.2004 (http://archiv.tagesspiegel.de/archiv/01.08.2004/1277080.asp; Stand: Mai 2007).

[6] Susanna Tamaro: „Verso Casa". München, 2000. S. 57–58.

[7] Steve Stockmann: „Walk on. Die geistliche Reise von U2". Lüdenscheid, 2002.

[8] aus: „U2" „I still haven't found what I'm looking for" (100%)
Musik & Text: Adam Clayton, Dave Evans, Paul David Hewson, Larry Mullen
© PolyGram Int. Music Publ. B.V./Universal Music Publ. GmbH

[9] „Walk On", a. a. O., S. 79–81.

[10] aus: „U2" „I still haven't found what I'm looking for"
Musik & Text: Adam Clayton, Dave Evans, Paul David Hewson, Larry Mullen
© PolyGram Int. Music Publ. B.V./Universal Music Publ. GmbH

[11] Bruce Springsteen: „Hungry Heart", Text und Musik: Bruce Springsteen, © für D,A,CH: Rondor Musikverlag GmbH, Berlin.

[12] „R.E.M.“: „Losing my religion“
Text & Musik: William Thomas Berry, Peter Lawrence Buch, Michael E. Mills, John Michael Stipe
© für D,A,CH: Neue Welt Musikverlag GmbH Co. KG, *Hamburg*

[13] Zu den Größen dieses Faches zählen die Professoren Ed Diener (Universität von Illinois), David Myers (Hope College, Michigan), Martin Seligman (Universität von Pennsylvania) und Mihaly Csikszentmihalyi (Universität von Chicago).

[14] Mihalyi Csikszentmihalyi: „Lebe gut! Wie Sie das Beste aus Ihrem Leben machen“. Stuttgart, 1999.

[15] Bernhard Linke: „Appius Claudius Caecus – ein Leben im Zeitalter des Umbruchs“. In: Karl-Joachim Hölkeskamp, Elke Stein-Hölkeskamp (Hrsg.): „Von Romulus zu Augustus. Große Gestalten der römischen Republik“. München 2000, S. 69–78.

[16] Victor Frankl: „Der Wille zum Sinn“. Bern, 2005.

[17] Zitat von Theologieprofessor Rudolph Bohren: Quelle nicht bekannt.

[18] „Von Schafen, falschen Hunden, bedrohlichen Krähen und anderen Tieren“. Die Rede von Gerhard Roth anlässlich der Verleihung des Ehrenpreises des Österreichischen Buchhandels, 8. November 1994.

[19] Queen: „The Show must go on“
Musik und Text: Freddie Mercury, Brian Harold May, Roger Taylor & John Deacon
© 1991 by Queen Music Ltd.
Rechte für Deutschland, Österreich, Schweiz und Osteuropa (außer Baltikum): EMI Music Publishing Germany GmbH & Co. KG

[20] Oscar Wilde: „Das Bildnis des Dorian Gray“. Köln, 2003.

[21] Anselm Grün: „Herzensruhe“. Freiburg, 2000.

[22] Anselm Grün: „Lebensmitte als geistliche Aufgabe“. Münsterschwarzach, 2005.

[23] Reinhard Sprenger: „Die Entscheidung liegt bei dir“. Frankfurt, 2004.

[24] Vgl. Malte Hossenfelder: „Antike Glückslehren“. Stuttgart, 1996. S. 208

[25] Edmund Schlink: „Ökumenische Dogmatik“. Göttingen, 1985. S. 200.

[26] Bertolt Brecht: „Baal“, drei Fassungen. Frankfurt, 2007.

[27] Die Formel *Do ut des („Ich gebe, damit du gibst.“)* dient in der Rechtswissenschaft der Kennzeichnung des Austauschverhältnisses zwischen Leistung und Gegenleistung. Dieses römisch-rechtliche Institut findet sich im deutschen Recht in §320 des Bürgerlichen Gesetzbuches wieder. Bei einem entgeltlichen Vertrag erbringt jeder Vertragspartner seine Leistung nur, weil er die Gegenleistung erhalten will. Prozessual wird nach dem Grundsatz des *Do ut des* eine Verurteilung der Leistung Zug um Zug mit der Gegenleistung ausgesprochen.

[28] Das Richterschema, siehe Richter 2,16–19.

[29] Martin Luther King: „Ich habe einen Traum“. Düsseldorf, 2003.

[30] Susanna Tamaro: „Anima mundi“. Zürich, 1999.

[31] Henri Nouwen: „Nimm sein Bild in dein Herz“. Freiburg, 2004.

[32] Friedrich Schiller: „Die Räuber“. Ditzingen, 1986.

[33] Jean-Jacques Rousseau: „Der Gesellschaftsvertrag IV, Über die staatsbürgerliche Religion“. Ditzingen, 1986.

[34] Xavier Naidoo: „Vielleicht“.
Text: Xavier Naidoo, Musik: Xavier Naidoo, Michael Herberger
Rechte für D,A,CH: Hanseatic Musikverlag GmbH & Co. KG

[35] Jim Wallis: „Bekehrung zum Leben. Nachfolge im Atomzeitalter“. Moers, 1987.

[36] Tilmann Moser: „Gottesvergiftung“. Frankfurt, 1980.

[37] Fjodor Dostojewski: „Der Idiot“. Frankfurt, 1998.

[38] http://www.missio-aachen.de/menschen-kulturen/laender/afrika/uganda/laenderbericht02a.asp

[39] Franz Kafka: „Sämtliche Erzählungen“. Frankfurt, 1970. S. 320 f.

[40] Victor Hugo: „Die Elenden“. Berlin, 2001. S. 31.

[41] Matthäus 22,1–14.

[42] Chrismon 2005/1.

[43] „Amazing Grace“:
„Erstaunliche Gnade, wie schön der Klang,
der mich, ein menschliches Wrack, gerettet hat.
Ich war einst verloren und bin nun gefunden,
war blind und nun kann ich sehen.

Es war die Gnade, die mich die Ehrfurcht lehrte,
und Gnade hat mir die Furcht genommen.
Wie kostbar war mir diese Gnade erschienen
in der Stunde, in der ich zum Glauben kam.“
Text: John Newton (1725–1807)

[44] Jean Vanier: „In Gemeinschaft leben“. Freiburg, 1993. S. 405.

[45] Tanja Blixen: „Babettes Fest“. München, 2003.

[46] In: Zeitschrift „AufAtmen“, Winter 2003/2004.

[47] Hermann-Josef Zoche: „Die Jesus-AG“. München, 2002.

[48] Johann Wolfgang von Goethe: „Westöstlicher Divan. Aus dem Nachlass“, Werke, Band 2. München 1998. S. 123.

[49] Zitiert nach „Verbrechen und Strafe“, Dritter Teil, Kapitel V, Zürich, 1994. S. 352 f.

[50] Michael Ford: *Wounded Prophet: A Portrait of Henri J. M. Nouwen*. New York, 2002.

[51] Johanna Spyri: „Heidi“, vollständige und ungekürzte Ausgabe der beiden Teile „Heidis Lehr- und Wanderjahre“. Verlag Werner Dausien.